一秒钟和一辈子

復旦大學出版社

编辑缘起

二千五百多年前，佛陀觉悟成道，在人间说法四十九年，倾听众生无边烦恼，讲说无数故事，使用无量譬喻，希望人人皆有闻法得度的因缘。

证严上人誓愿弘扬佛法利益众生，数十年来，带领慈济人欢喜无悔行菩萨道。上人心中亦有许许多多的故事，或出自佛教经典，或源于人间百态，随缘应机善导大众，皆是阐述佛理的良方。

众生种种苦恼喜乐，很多源于内心，时时刻刻都需要守护好心念。一秒钟内生起的善念，若能恒持且用心力行，就能影响一辈子；对准方向，大步向前迈进，一秒钟就是一辈子，在人生的道路上才不致有偏差。

本书收录许多上人讲述的故事，皆是生活中常会遇到的情境，除了借由文学的形式而发扬佛法，也让人引以为鉴，擦亮最重要也最珍贵的心镜，回归清净本性。

编辑小组谨志

卷一

多用心啊！

卷二

分秒不空过

卷三

放下，自我解结

卷四

布施不在多或少

卷一

多用心啊！

“过去”已经过去了，“未来”的事物则太远。我们应该多注意现在，无论环境多烦杂，身处任何境界，心，均能不受引动。

多用心，扫得干干净净

世上有许多声音、许多干扰，人往往有诸多想法、诸多妄念，要如何才能安静？

在静寂中特别敏感，只要稍有声响，就容易躁动。许多人以为修行清净必须自我隔绝于人群，其实这是错误的。静的功夫是从内心的“闹”中练出静定，而非只在“静中求静”。

有一次，一位慈诚队员回来精舍当志工，早上要出门前，大家先进行心得讨论，他站起来说：“以前经常听上人讲话或看慈济世界的节目，每当结尾，上人都会说：‘多用心啊！’对于这句话，我好像很了解，但是又不知从哪里用心。”

他又说：“早上，我在精舍外围帮忙扫地时，才深深体会多用心的道理！”

我问他：“是什么动作让你觉悟的呢？”

他说：“第一次我顺手扫过去，但回头看，地上还是留着一片片树叶。忽然间，我体会到这就是不用心！因此，赶快回头再用心地扫一次，一样是手在动作，但这一次，就把地面扫得非常干净。”

这件事的道理何在？这是因为他体会到，若不用心行事，即使同样费力，成果却截然不同。因为用心，环境能打扫干净，也能“扫”出一片清净的心地。

有许多人平常手在做事，但是心里却想着过去未来其他的事，妄想太重，杂乱烦恼就多，当下无法全神贯注，当然事倍功半。

这些道理虽然简单，却是降伏内心魔军的根本。多用心，就是讲话时，心集中于措辞言语；走路时，心集中于脚步；工作时，心集中于手。“过去”已经过去了，“未来”的事物想得太远，反而会忘记“目前”的应对举措，所以，无论过去或未来，我们都不要想太多，应该多注意现在，无论环境多么烦杂，遇到任何境界，心，都能不受引动。

内心的魔永远在等待机会，让人触境而显出丑形陋貌，发出难听的声音。安静与恶声、清净与秽浊，正如同“觉”与“魔”于左右和我们并行，我们要时时警觉，多用心。

与野草赛跑

人生若一天天空过、无所事事，就像土地任其荒芜一样。若懂得把握时节因缘，耕好我们的心地，有一分努力，就有一分的收获。

过去我在台中丰原未出家以前，有一回在慈云寺遇到一位老师去寺中，我也正好去那里而相遇。他和一位师父说话，那句话时常印在我的脑海中，每有懈怠就会想起这句话。他向师父表示："佛陀说人生无常，我也深深体会到，所以要赶快把握时间。可是师父，我好像每天都输了！"

师父问他："你跟什么比呢？"他说："跟人不能比，跟草也是不能比的。"原来他家住在乡村，每天早上要出门时，他会看看田埂上的草，回来时又看一看。他觉得早上出门时，地上的草还未长高，可是不多久，它已经长得很高了。所以，他每天都很紧张地准备着他的功课，要跟野草比赛。

结果每一回他都是重新再来、重新开始，根本追不上野草生长的速度。所以人连草木都比不上，想要与别人比，又要如何比呢？

因此，我们要回过头，定下心，分秒必争认真地做，时时刻刻照顾好自己的心，拔除心地的杂草；再用功选择好的菜籽来栽种。菜若少一棵，空位就会被杂草占领，唯有勤于播种，老实耕作，才能令心地杂草不生。

高枕无忧的小鸟

生活中，一个人静默的时刻不多，只要一有人进入这个静的环境，你的心就动了，不但动，还可能会起烦恼。

在日本有一位很有名的大学教授，他出了一个题目，要学生画出“静”的景象。

学生都很用心地画，有一位学生画了一个湖泊，水面清澈无波。另一个也是画湖，远处有一座山，旁边有一些树木，近处有一些花草，无风也无浪。

第三幅画仍是画一座大湖，湖的周围是雄伟的山，山上巨大的瀑布直泻而下，就在湖边有一棵树，树枝上有一个鸟巢，鸟巢里一只小鸟正睡得香甜。

有的人认为湖水无波就是优等的作品，有人认为水上无波、山边有树、无风无浪也是很好的佳作；最后评鉴的结果，认为是山中有瀑布、鸟在树上睡得香甜的画作，才是真正的“静”。

为什么这幅画是静的佳作呢？老师认为这才是真正懂

得静的心境，因为外境动而内心不动。

修行应该在群众之中，好好照顾自己的道心，就像那只小鸟一样，尽管周围的环境一直在动，它还是一样高枕无忧。

大地众生在说法

学佛一定要学得心在宁静中，若能如此，天下的一草一木、一花一蝶无不是如来的形相，“一花一世界，一叶一如来”。

静听远处的鸡啼狗叫声，还有近处的鸟鸣虫声，多美啊！这是大地众生说法的形相。鸡守在晨鸣，狗守在自己的岗位，虫鸟则守在它的天性本分，这不就是大地众生各守岗位、一幅很美的说法图？我们若用心，可以去体会众生性；若是不用心，狗叫鸡鸣只不过是畜生道中的一种声音。

人的生活大多在是非的漩涡中打转，多可怜啊！我们应该退一步打开心胸，就能看见海阔天空，山河大地无不融入我们心灵的世界。对人何不退一步呢？对一切众生何不宽一寸心地呢？对人若能宽一寸心地容纳别人，待人退一步让一分，不就和谐安详了！

不要在是非的漩涡中打转，应该要心定神清，大地一切的众生，都在说法启发我们的心灵。多多用宁静的心倾听，观察大地的形相，聆听大地众生声，声声入耳，心领则可以神会。

自然的道理最美

学佛就是要学得拨开人、事、物的障碍，回归如大自然本性之美，返回天真回归本性。但是，怎样才能够达到这种境界呢？

有一次在大殿静坐，听到外面的风声以及门窗的声响。自然的环境是最美好的境界，但是这美好的境界，往往受到人、事、物的破坏。那时坐着，听到风吹拂树叶所发出的声音，多美好啊！然而，多了门窗粗嘎的声音，便扰乱了耳根和外面自然界接触的柔和感觉，所以我说自然的道理是最美的道理。

有一位委员的女儿对她说："妈妈，我发现很会讲话的人，所能得到的只是很多的听众；而一个有耐心去听人家讲话的人，他可以得到很多朋友。"善于讲话的人可以得到很多听众，但是很多人听我们讲话是不是真的欢喜受用呢？我认为天下知音少，真正听我们讲话，又能成为我们的朋友，这才是真正的善讲之人。

所以，光是会讲话却没有朋友，这不是真正会讲话的人，我们学佛就是要学得真正领受一份道理，得到之后身体力行，把平时所听到的吸收消化后，再实践出来。

自然最美，要不是有门、窗的声音，光是听到外面风吹树摇的声音，一定非常美好。人生多遗憾，总有一些人、事、物，破坏了大自然的美；修行就是要把人、事、物的障碍除掉，回归到大自然的本性，如果好好去体会这份大自然的真善美，相信人人都能够在宁静中，精进不懈。要当一个整天说话的人，倒不如当一个老老实实、认真听话的修行人。

空中鸟，水上鱼

有一年，多台风，气候时刻变化不定。早上看到外面无雨、无风，好像很宁静，一下子雨水就带来很大的灾情。下午看到好像要放晴了，不过稍晚又来了一阵大雨，接着气象局又报告，有一个台风慢慢逼近，如此反复，甚为罕见。

有一句话“静极思动，动极思静”。海面台风即将逼近，但是我们所看到的境界却还十分宁静，实在是异常的现象。有时我们看人也是如此，有些人看起来很内向，一句话也不说，其实，心中可能隐藏着许多苦痛。

学佛就要学得动静合宜，若是动过了头，就好比是云腾风涌般的危险；静得过头就会变成枯木死灰，这样就不对了。

我们动的时候，要像天空的云一般悠闲，小鸟无论在上面怎么飞都不会影响到云的形态。我们的心境就要像这样，静如一池水，就算鱼儿从水面跳过激起浮泡，并不影响水的静态，学佛就要学到这样的程度。

静要静得活泼，动也要动得雅致，这就是动静合一。如果没有调配合宜，动会动出心理的毛病，静也会静出精神的病态。所以，日常生活里，我们一切的举止、动静都要很谨慎。

大树底下的影子

人的心和天气一样，我们的心也是无常多变的——生、住、异、灭不断，有时会显现良知本性，可以发挥良能，但是，有时心也会被乌云遮蔽。

将四大假合之物认为是“有”，有的东西却又忽视掉了，这仿佛是黑暗中的树影，地下的流泉一般（注：四大乃地、水、火、风）。

在硬邦邦的地下有着清净的流泉，只要凿得够深就可以有源源不断的清水。我们虽然天天喝，却忽视了地下有水，因为我们平时并未饮水思源。

又如走在黑暗之中，明明有一棵很高大的树，这棵大树如果在大太阳底下，就可以提供树荫乘凉；但是，若在黑夜、没有月光的时候，走到树下也不知道那里有一棵大树。树和树影本来在那里，只是我们时时迷失了。

在我的佛案前有两朵水晶花，有时看过去会现出红、青、蓝等色，有时七彩闪闪，五色分明。我把它拿起来仔细从各个角度察看，发现有的角度有彩色光芒，有的角度却没有，这些黄色、蓝色的色彩到底是从哪里来的呢?

原来是我所点的蜡烛颜色映到水晶花里面，蓝色的蜡烛加上金黄的火光，水晶花就会从各个不同的角度反射出五颜六色。水晶本是清澈透明的，但经幻影的照射之后就会有五色七彩之光。

人生就是如此，本来和我们互不侵犯的东西，偏偏让外境进入我们清净透彻的内心，如水晶花中形成了五花十色。人人本有清净透彻的佛性，偏偏让外面的物质色彩染污了，因而收藏了很多烦恼垢染。

诸佛的千经万论，为的就是引导我们守好自性、顾好本体。

法譬如水

我的师父印顺导师，曾经深刻地解说过“三法印”：诸行无常，诸法无我，涅槃寂静。他承接佛陀的教诲，让我们知道：世道无常，时刻要勇猛精进。

佛陀要我们观“世间无常”，观世间幻化。《金刚经》里面，佛陀也要我们观想：“一切有为法，如梦幻泡影，如露亦如电，应作如是观。”人生到底有多长呢？就像梦一场，又如水中泡影，水流动时自然会生起泡沫，泡沫很微弱，没有实体。

水泡虽然好看，然而你只要用手去碰触，它就破掉了。水泡破了之后并不是就没有了，它虽无实体却有实性，它的本性就是水，有了水才会起泡，形虽不同，性却相同。

人生就好像水中泡，缘起性空，尽管泡有生灭，不过，水性却永远无生无灭。人皆有佛性，我们都具有成佛的潜能，只要你把脏污的烦恼垢去除，清净的本心就是佛性！

有人问：“我今生修行，是不是就能有所得呢？”一定可以的。比如混浊的水，若将它沉淀，不去动它，它自然就会澄清。

古时候没有自来水，乡村如果没有掘井，就是喝溪流的水，利用晚上取水，放入明矾，让水中的杂质沉淀，等到水质变清就可以用了。常人就像混浊的水，水在流动时，任何脏的东西都拿到水中去洗，因为水受到污染，所以不可食用。等到水静下来、变清了，煮过之后，就可以饮用了。

我们不能没有水，但要取用之前，一定要经过一番功夫。相同的道理，如果我们的心乱起无明，任何不好的事情都会去做，一造恶就更污浊杂染。但澄静内省之后，又可清净自在。

愚痴的人将水泡当作实质，一个深究佛法的人，则把水泡当作幻化之物。但是，如果以为既然没有就什么都不用去做，这也不对，这是逃避现实，推卸责任。这两种人都不对，执空执有都是错的。

世间无常，唯有努力去做，分秒不空过。就像水与水相接连，不断流过。

学字中间一个“子”

静坐之时，是不是坐得轻安，或者觉得全身坚硬沉重？若是坐得轻安，表示打坐的功夫已经慢慢进步了，若是有坚硬沉重的感觉，表示身体和精神还没有统一配合。

“坚”是指身体感到腿酸脚痛、腰酸背痛。“坚”是坚质的部分，“硬”是坚硬的感觉，这都是身体的感受。“沉”是昏沉，坐着是否会昏沉？“重”则是感觉到身体不能放轻松，精神有压迫感，这都是在打坐之中的障碍。

有一次静坐时，我听见有人的气可以贯穿丹田，有气在动的声音，但是隔天就没听到了。用功的功夫不是一个早上就能通彻，学佛要有恒心，精神才能够贯通，专心归一。我们分秒都要用心，用心并不限于在静坐之时，日常生活的行住坐卧，哪怕是躺下来睡觉也要用心调气，走路时也一样。

除了用心调气之外，还要用心来待人接物。平时若用心调气，把我们的精神统一于举止动作、学佛的心念，举止行动都带着这份心，就是将“禅定三昧”带入生活的动作中。

如果我们以这份清净心来待人接物，就是以佛心待人了，分秒的时间都没有离开学和觉。若学得透彻，身心归一时就是“觉”。学的下面是一个“子”，觉的下面是一个“见”字，学是孺子初学，就像幼儿一样，学坐、学爬、学走、学讲话，一切都是从幼儿学的，所以学字中间一个“子”。

学佛的人就像初生的婴儿一样，我们要常常去扶持、注意他，等到学得功夫透彻，走路就变成很平常的事，讲话也会变成很平常的事，不必刻意去记就可以发挥功能，这表示他学的功夫已经贴切入微，能“学而不学”便是觉。

时时刻刻注意自己的举动，把心贯注在调气，而且把心贯注在佛菩萨的慈念，这样我们一切的举动、一切的心念，自然就会和佛菩萨合一。

名山走遍，不如内观己心

我们若用心寻法，就能用心接受法；学佛不要只是“信佛”，因为“信而不学”容易迷信，我们要“信而学之”；学者觉也，有心去学，才会觉悟！学佛要身心平行，身体的行动及心理的形态并行不悖。自己的身心若没办法照顾妥当，又如何去照料别人的心呢？

过去有位学佛者问一位禅师：“禅师啊！我到处查访明师，一直希望能遇明师指点。但是，我走了几十年的道路，跑了几十个道场，我的心却还没有得到宁静，我想跟着您学，您是不是肯教我？”

这位大师说：“你懂得学习的方法吗？”

他说：“大师，是不是肯教我？”

大师就说：“我觉得你不懂‘学’的方法。”

他又说：“只要您肯教，我就会学习。”

大师叹了口气：“你走遍名山，参遍道场，结果却一无所得，这并不是各处的方丈没教你，而是你自己不认识自己，不知要如何学，如何接受别人的教法。如果你真正了解学习的方法，到处都可以得到善知识与教法。”

这是一个公案，也可以作为我们人生的警惕，道场原本就在我们心中，若能反省自己，回照自己，无需名山古刹，现前就是最好的学习地方。

日常生活，无论是声、是形，若肯用心，没有一样不是法音。若不肯用心，哪怕是道德多么高、学问多么好的法师来倾囊传授，依旧是无可奈何！

火车开过，暂停讲话

雨天念佛，听到的都是念佛声，念佛声作歇，便是雨水滴滴答答的声音；念佛时也在下雨，不过没有听到雨声，念佛声一停下来，外面的雨声就代替了念佛声。在这个环境里，最少有两种声音，只是我们的注意力前后偏向不同。

声是常，境是异，我们的心是不是去接触，这就要看我们的心对外面的声尘是否有所取著。

有时外面火车经过的声音很大，有了隆隆车声，讲话就得暂停，因为火车的噪音和地面的震动力都很大，所以说话声会被它掩盖，干脆先静下来。静，不与动争，这和我们日常生活的道理是一样的。

尽管我们学的法是正确的，但是，社会上却充斥着邪知邪见，教派教法纷杂，人心也跟着混乱。我们要提倡正知正见，光是以口头辩解，还是很难厘清。佛陀教我们要“以静制动”，若是一时无法用声音去安抚邪知邪见的嚣张声势，不如暂时静下来，等到他们叫完了，我们再安安静静地来教化。

正道正知正行不会被长久掩盖，就如同世间有的，你不能说没有，没有的，你也不能强说有。日常生活无法离开有与无，不过我们的内心应该要有一份强烈的正信。要是缺少这份正确的信仰，人生就在有与无之中模棱两可，更会乱了这一生的脚步，一失人身，万劫难再。

在日常生活中，正确的道理不能不相信，不能拨无因果，“理”要有正确的信仰，“事”不可是非不分，这样叫做事理圆融。学佛，就修在“有中圆融”。用智慧去体会人生，生老病死、生住异灭、成住坏空……这些变化的道理即是真理，我们要用心去琢磨，对事相要圆融接受，能够如此，心就能常在静中。

为电梯打针下药

常常有人在说“神通”，其实“行行有菩萨”——在各行各业中都有菩萨存在，只要能尽心为人付出，都算是“菩萨行”。所以何谓“神通”？当精“神”统一、因缘成熟，那么计划的事样样无差，因缘具足，自然事事皆“通”。

有一次，我听到慈济志工说，他们在医院奉献，感到非常快乐，并且可以在幽默的气氛中互相鞭策。譬如搭电梯时，里面载有志工以及医师，也许因为人数太多了，电梯卡住而停滞，上下动弹不得。在这种困窘的状况中，志工说：“医师！电梯生病了，你要为它打针，使它康复！”

医师也幽默地回答：“我们是佛教医院呀！你们要赶快念阿弥陀佛，请佛菩萨让电梯康复！”

志工说：“对对！我们来念阿弥陀佛！”过了一会儿，电梯竟然上下自如了。

一般人被关在电梯里一定会很紧张，而慈济人，不论是志工或医师，他们依旧那么沉着，即使暂被幽闭，也不失自在幽默。

志工不忘敬重医师，医师也不忘这工作环境是佛教医院，是以尊重志工。巧的是志工虔敬念佛，电梯就能动作了，说来也真是不可思议呀！

在电梯中上下不得，若是紧张烦躁，时间一定很难熬；反之，则心安身轻。这正印证了佛陀的话："人不损其心，亦不毁其意，以善永灭恶，不忧随恶道。"人人要能照顾好自己的心，信仰要正信，时时存好念。

所以，"信佛"之人，若心有世俗之求，常常是求不得苦，一念之间就会迷信。"拜佛"之人，若是拜得对周遭一切漠不关心，也就成为偏差。真正"学佛"之人，事事为别人考虑，时时以佛陀的慈爱心作为己心，把"凡夫心"换为"佛心"，这就是"转心轮"，又称为"转法轮"。

人生学佛，最大的目标就是照顾、保护好自己的心，自然也不会损害他人学佛的心意，善念不迷失，心的电梯就上下自如、运行无碍了。

一个让人疯狂的空瓶

一个普通不过的瓶子，对某些人而言，却好像是天赐的宝物，如果我们以平常心看待一切，任何东西都是平常的；若是以贪欲的心来看东西，哪怕是寻常物品一件，也会彼此争得头破血流。

许多年前，我看到了电视上播出《上帝也疯狂》这部电影。画面上是一片原始丛林，在那个地方没有文明，人们不着衣物，过的是很原始的生活，什么都没有，可是他们心满意足，没有什么东西好抢好争。

突然有一架飞机从他们的上空飞过，驾驶员随手丢下喝完的饮料瓶。这个空瓶子摔到地上，让好奇的原住民看了，以为是天神掉下东西，原住民好奇地想去拿，心里又觉得很害怕，动作真的很滑稽。摸了好几次才安心地把它拿起来，原住民觉得好奇怪，不知这硬硬的东西到底是什么？族人也都好奇地抢着要看，有的人拿来吹，可以发出声音；有的人用棍子敲，它也会有声音，大家都觉得这个瓶子很神奇。

本来是一片纯朴无争的净土，大家为了争夺这个瓶子，开始吵架、打架，从此这地方就没有快乐宁静的日子了。

这部电影是一种教育，人生何处不是如此呢？没有心欲时，大家可以和平相处，每一个人的心地都是净土，只要心欲一起，就有了争斗。

肢障奥运选手肯尼

有一位肢障运动员，名字叫肯尼，他只剩下三分之一的身体，没有脚也能行走，甚至还到韩国去参加奥运。而我们有两条健康的腿，却是望尘莫及。

记者问他如何训练自己在没有脚的情形下使用滑板，是不是很困难？他说没有什么困难。问他凭借什么毅力，他说不知道，因为一切都很平常。

这就是“常”，一个意志坚强的人，再艰难的事都认为很平常。问他是用什么方法来克服心理困难，他说不知道，因为本来就应该这么做。

这就是“至人”，他能做到的，我们不一定做得到，但在他自己看来却是很平常的事情。“神奇卓异非至人，至人只是常”，显异惑众者不是真正的圣人，真正的强人、圣人只守着一个常字，能够合理合法，合于我们的生活，不逾越人生的规矩，能够以身作则，这就是圣人。

学佛不要学得奇形怪状，要是学得奇形怪状，那些看不到、摸不着的都不是正常法。正常的法就在我们日常生活中。

佛法谈苦空，空在哪里？外面在下雨，硬要说没有雨，可以吗？若说没有下雨，不妨不要拿伞，这样身体是不是会淋湿？不被淋湿那才叫做空，若是无法闪过雨水，那就不是空了，常中见空，自然自在，一切如此平常。

真正的平安

在炎热的季节，若能下一阵及时雨，就会感到清爽，尤其是清晨，在我们身心俱静的时候，更感到冷冽。假使雨势下得更大更猛，就会令人担心，因为四大若不调和，灾害就可能发生。

慈济的工作，常常要救急、救难、救灾、救病、救贫。人生的坎坷，生活不顺调，造成了人生贫病的困难，这也叫做不调顺。一年四季流转，“地、水、火、风”若能真正顺利、调顺，那么天下万物就会很调和，运行无碍。

假使整个月阴阴沉沉，没有出太阳，那就是“火”失调了，热气、热能失去调和。若几个月不下雨，那就是“水”失调，“水”失调，地上万物就不能生长茂盛。

记得一九八七年的十月间，一夜大雨造成台北地区很多的灾难。多年前的“赛洛玛”台风，只是一阵台风刮过去，但是，损害了多少人的家园、住宅！这就是“水”和“风”的不调和。

是以“四大”是我们所依靠的，只是，在它调顺之时，我们往往不能起爱惜、珍惜的心态来感恩、接受，等到任何“一大”不调顺，或灾难临头时才来恐慌，这就是凡夫的心态。

所以，要时时珍惜这份“不知不觉”，因为真正平安时才会没感觉，才能让我们过得很愉快。这份最平常的道理、最平常的生活，我们应该谨慎感恩，不要等到顺境过去、坎坷的境界现前时，才怨天尤人。

不包尿布的小孩

许多年前，有一个小孩叫邱立杰，当时邱立杰的母亲告诉我，她带邱立杰到市场，看到番石榴很漂亮，于是挑选了五十元的数量。在她要付钱时，邱立杰拉住妈妈的手，跺着脚大声说道：“师公要建医院，你买那么多做什么？”

卖水果的人说：“你儿子为什么那么大声，他到底在说些什么？”妈妈说：“他说师公要建院，就是慈济医院还有二期工程要建。”在妈妈解说之后，卖水果的人就说：“那就不要买太多。”于是他从袋中拿出若干，重新再称，请她买二十元就好，剩下的三十元留着利益他人盖医院。

当年三岁多的孩子，在家里的地上捡到钱，也要给师公盖医院。他的父亲是警察，有一天破案有功，得到奖金一千多元，他就将钱换成铜板，准备给孩子拿来存扑满，帮助建盖慈济医院。

邱立杰拿到这些钱心里好高兴，嘴巴一面念着“要给师公建医院”，一面将钱放到扑满里面。一不小心有几块钱掉到地上，他就拿起扫把来扫，深怕遗漏了任何一个铜板。到了晚上，妈妈准备帮他包尿布，爸爸在一旁说："这一块尿布要十几块钱。"一听到一块尿布要那么多钱，他就一直扯、一直扯开，告诉妈妈说他不要包尿布了，要给师公建医院，从此，他真的就不必再包尿布了。

有一天奶奶带着他经过医院，他说："师公的医院好大、好大。"奶奶告诉他："师公的医院好大，你是不是还要吃宵夜?"他说："不要了，我们回去好了。"从此他再也不吃宵夜。

当年这个很小很小的孩子，他的起心动念都是善，只要一听到钱，就知道钱可以建医院救人。他省吃俭用，不为自己，心心念念都是巨大庄重的大愿。

这就是心念、观念，心心念念都是要做好事，不论年龄能力，必能成就。

捐出扑满的小菩萨

有一次，高雄一群会员来到花莲。其中一位可爱的九岁小女孩手上拿着一个扑满，好像很重，来到我的面前就很恭敬地双脚跪下，把扑满举得高高的，说："师公！这个要让您盖医院，让您救济贫民。"

我问她："里面多少钱？"

她说："我不知道。"

我再问她："你怎么有钱？"

"妈妈每天给我二十元，我把一部分存起来，节省零食和早上吃饭的钱就有啦！"

九岁的小孩，一片的天真，后来我问她："你把钱给我，有没有什么要求？"她想一想，说："我想把功德回向给爸爸，好吗？"假如她有愿有求，这也是孝顺的愿，所以这也是菩萨啊！

土地上，若没有播种，怎会有收获？看到人家的稻穗饱满，以为只要耕田，就有收成。要知道，耕种是开头，割稻在最后，最重要的是期间要播种、灌溉、施肥才会有好收成。所以，九岁的小菩萨善心不断，我们已看见了功德田的秧苗茁壮。

一位女孩的来信

曾经接过一封信，一位十几岁的孩子面临功课的巨大压力，使她的心理有了状况。有一天，她和同学讲话，同学有意无意地用手遮住鼻子，这个举动深深打击了她的心，从此她认为自己有口臭，只要开口动舌就会让人家看不起、令人讨厌，于是她开始逃避旁人。

她觉得自己的牙齿好像随时会掉下来，所以经常用舌头抵住牙齿，在信中她也提到这是不可能的事，可是心却指挥着她去行动。她也知道自己的行为很怪，却又不由自主做出一些旁人不可理解的动作。

她内心的压力无人可倾诉，时时闷在心中，才会造成这些毛病。看过很多精神科医生，也一直吃药，但是要她改掉看到人就产生疑心的毛病，很不容易。

她说，或许别人无心，但是在她眼里却觉得别人是有意的。她自己也知道这是多疑，然而要拨开这个疑心，实在是不可能。

虽然外界不动，但是内心无法平静，如此就形成了一股心理病态。其实，身病不可怕，可怕的是心病，有时医师明明告诉我们没有病，但是自己却觉得浑身是病，这样的例子不胜枚举。

这个女孩子信中提到：她在三年前就有这样的毛病，对人生万念俱灰，母亲带她和我见面，她才再提起精神来念书，后来考上淡江大学。

接到她的信，我感觉到人生的心病、身病都受到日常生活及周围环境的摆布，哪一个人没有心病呢？

我们要很注意，心病是在人事物的动静间不协调所致。我们要懂得动静配合，这才是正常的人。心理的郁闷，要找一个可以为你开解的人倾诉，否则郁郁累累，难免千斤重担压垮了自己。

截然不同的两个女人

人心往往不知足，有了好的，还要追求更好的，这就是以追求为目的的人生。许多年前有一个台风天里来了两三批人，令我接触到不同的人生。

有一对夫妻一到精舍，太太就说："师父，我终于满愿了，可以到达这里。我一直想要来，可是时间安排不出，今天来了，我真的好高兴。"

看到她发自内心的欢喜，无形中我也感染到那份喜悦，她先生站在后面，看到太太欢喜的神情，也露出喜色，让人感觉到是一对幸福的夫妻。她说："师父，记得您要盖医院时，我在吉林路的会所和您见过面。我听到要盖医院好感动，所以立下一个心愿，一定要加入建院的行列。过去环境和时间都无法配合，师父还有二期的工程，让我有这个机会，今天除了能够来到精舍见师父，我更能够满愿，所以我好欢喜。"

她拿出捐助的金钱来。这是真正的虔诚、心无旁骛，一心只想来到这追求已久的善目标。在百忙之中，夫妻抽出时间来完成心愿，难怪在达成心愿后，他们会如此欢喜。

另外一位太太则是朋友劝她来精舍，希望我能和她讲讲话、开解开解。这个女人也是很幸福的人，但是她却时时都准备着硫酸在床头，过着痛苦挣扎的人生。

对夫妻感情看不开的她说："我的儿女都很乖，功课也都很好，环境也很好，大家都说我过得很好，幸福得像皇后。"我说："这样你不是应该很快乐、很满足吗？"但她依旧深陷自造的苦海，不肯稍止。

"话不投机半句多"，一趟路远道而来，她还是无法解开心结。对我而言，宝贵的时间有许多事要做，分秒必争，而她光是自说自话，却不肯接受我说的任何一句话，这也是为何一直追求、一直比较的人，悟境遥遥不可期。

同样是女人，人生却截然不同。

遭抢记

有一次到台北，一下车有委员来接我，我坐上她的车，后面一位委员就告诉我："师父，我两个小时之前遭到抢劫！"我问她事情原委。她在松山车站附近的银行领取二十万元，准备存进不远处的邮局，因为缺少了一道手续，邮局要她到银行去补办手续，她只好再带着二十万元回到银行。

就在路上，一个年轻人瞬间抢走了她装钱的袋子。

她很本能地喊出："阿弥陀佛，有人抢劫！"她在后面一面喊一面追。附近有一家戏院，两位年轻人听到呼救，立刻上前追赶歹徒。就在十字路口，有一个人骑摩托车等在那里，歹徒眼见后面的人已经追上来了，他坐上摩托车后座，就把那钱袋往下丢，扬长而去。

委员拿回钱袋一看，钱数原封不动，一点也没减少。

她拿出钱要答谢帮忙的两位年轻人，他们不肯收受。他们是军人，正好放假出来看电影，委员想问他们服役的单位，请长官表扬他们，他们也说不需要，于是她把慈济的文宣品送给这两位义勇的年轻人。

等到静下心来，她深深感到，福不唐捐！她说："事实上该感谢的是师父与三宝加持！师父有这个机会让我们做事，长期做下来，收获最多的还是自己，有了这份福，才能够处处遇到贵人。"

这就是她们的心态，这是她体会到的福不唐捐。在最急难时，脑海中所显现的第一个念头就是"阿弥陀佛"。除了阿弥陀佛之外，她心灵上所想到的就是：这二十万元要捐给慈济。

她为了要替公公植福，已经付出十万元，现在的二十万元也是要捐给慈济，不能让歹徒抢走，她觉得自己还有很多事情要完成，这是她心灵上刹那间的念头。

修行讲智慧，智慧在哪里呢？就在急难中往好的方向去想。第一，想到三宝；第二，想到慈济众生恩。所以，这也是智慧，而物质的付出就是福。

爱，要打开心眼

人往往因爱而苦，许多人为爱而苦，为爱而乱了心思，因而耽溺在象牙塔中。因为太爱对方，受不起一点点刺激，爱恨交加，使人如临悬崖，一不小心就容易粉身碎骨。

常常一个人的爱恨交织，会带来多少人的悲愤遭遇，这是人生，也常常是爱的结局。有些人所爱的范围实在是太窄了，爱得苦恼重重，因为他的爱全部集中在他本身以及爱他的人。

有一次我见到一位眼盲心明的年轻人，他心中有爱，还爱得很快乐，爱得身边的人也受到感动。

他专程来拜访我，他说："来见上人是我的心愿，您现在有什么事需要我帮忙的吗？请上人告诉我，我能帮忙您做些什么？"

听了真是叫人感动，他的眼睛看不见却要来看我，应该是我看他才对，那天风雨交加，他却专程从台北过来，这已令我很感动了，何况又问我，他能做些什么事情。

这也是爱，他心中有爱，能感受别人的困难，所以眼睛看不见还要为我做事情，这样的人生，他有没有残疾呢？他是眼盲心明，心眼很明朗，所以他看事情很透彻。他并不是为自己请命，都是在为别人着想。

有的人只为了过去的爱，现在有了一点点的缺陷就爱恨交加，令自己陷入苦况，甚至精神几近错乱，周围和家里的人也跟着受苦，这也是爱。

爱有这么多种，明眼人的爱因为看得多、想得多，烦恼多，反而会忘记什么才是真正的爱。盲眼人，看不到世间的事，却闭上肉眼、打开心眼，他所想的，反而更为透彻，意志也更为坚强。

爱，只要打开心门，爱就可以清净透彻，不但使人感动，人生也更有价值，因为真正的爱，永远不担忧、不害怕。

排山倒海大波来

心中如果有一个“信”字，有信心，有目标，在这千变万化的人间、社会，就不会迷失了自己，自有一份定力可排除周围一切的困难。

在日本有一个故事，有位名叫大波的青年，他是职业的柔道选手，从小他就很注重锻炼自己的体格。

大波平时和老师、同学练习时，从来没有人赢过他，但每逢真正上场比赛，他却一定败北，从来没有赢过。这是为什么呢？同一个人，同样的力气，同样的形势，为何平时和同学、老师在练习时都会赢，偏偏比赛时一定输？为此他十分苦恼。

他认为可能是心没有调伏好，要调好心，必须先知道如何定下心来，而最好的方法莫过于请教禅师。所以，他就探听到一位禅师，这位大师当时在一间小庵挂单。大波去找禅师，倾诉他的苦恼，并请教禅师要怎样才能定下心来，发挥柔道的功能。

在众人面前，禅师对他说："你的名字叫大波，今晚你可以在寺里好好过一晚，要记得！你的名字叫大波，就像大海中的波浪，波涛的力量可以横扫直冲、排山倒海。你的名字和体格肯定能像大海巨浪一样，好好地思维吧！"

大波很仔细地倾听禅师的话，那天晚上就在小庵里面静坐、谛听，耳边似乎一直听到禅师说话的声音。禅师说过的话一直在他心中盘旋，他也一直观想，"对！我的名字叫大波，我的体格这么强壮，真的像海中的大波浪，可以排山倒海、直扫横冲！"

他观想着，好像这波大浪已将佛堂里的花卷走了，慢慢地，除了花以外，里面所有的家具也被海水冲刷掉了。接着更大的浪冲过来，好像整座房子都被海水淹没了，连自己也陷没在大海中，真是排山倒海、强力无比的气魄！

到了天将黎明时，禅师走到他身边来，拍拍他的肩，说："你已经成功了，以后到处都可以发挥这份柔道的功能，这才是真正的大波——身心如大海举浪，所到之处没有不胜利的。"这位大波先生感受到满心的静谧、冷静，又感觉到一股无比的力量在他的内心、体内回荡。

从此开始，大波果然成为日本柔道界的常胜将军，成为日本的名人。他每一天都不曾离开那份心的定力，这份定力来自：信自己的目标、信自己的功能。将他的本分和名字合在一起，时时刻刻观照。

这是一个小故事，但也是一个活泼生动的启示，我们每一个人要做什么事情，都要有目标，也不要妄自菲薄。提起定力、信心，对准自己所定的方向，努力不懈，将来必定能达到目标，人生的浪潮里每个人都可以当自己的大波。

“漏气”求进步

许多委员做慈济工作并无所求，在无所求且尽力付出的当下，她们得到人生的大转变。以前还未认识慈济以前，即使物质再丰富，心灵依旧空虚，过着贪、瞋、痴自不知觉的烦恼生活。后来在慈济的聚会上，她们都很勇敢地说出自己迷失的过去，并且将过去的坏习气毫无保留地吐露出来。

接着，她们描述自己进入慈济之后的转变，家庭重拾幸福与快乐，人生有了正确的目标。每一个人都那么可爱，都有“互相漏气求进步”的勇气，这在佛法来讲叫做“发露忏悔”。

佛教徒往往满口的忏悔，常常都说自己业重，在佛前求忏悔，但求过之后还是再犯，犯了之后再忏，忏过之后又忘记了，同样的习气一犯再犯。

慈济委员的忏悔，第一是对自己的自性三宝而忏悔，再来是认为每一个人都是佛，要向现前的活佛忏悔，面对众人将她过去的错误说出来。

光是听到她们勇敢的忏悔，在这么多的人面前现身说法，再看看她们人生的改变，一切都值得了。一般人都说家丑不可外扬，但是又无法自我解决，一错再错，不断地恶化，使得家庭无法和睦相处，这就是凡夫之见解。

看看委员们的勇敢，这就是我常常说的，修行要有赤子之心、骆驼的耐力、狮子的勇猛；而这三种她们都有了。赤子之心就如刚出生的天真孩子，想哭就大声哭，欢喜就笑，这就是赤子心，绝对没有阴险欺诈的心态。错了就在众人面前忏悔，就像感冒了要吃散热的药，汗要流出来，病才会好。众生病，故菩萨病；病是最好的良药！维摩诘居士示疾，给了许多大菩萨深刻的体会，慈济委员何尝不是！

为人生写篇好文章

学佛就是要深心、细心，不要粗心而懵懵懂懂过日子。平时的生活，即使是扫地、清水沟，也是修行的方式，拿起扫把，面对大地，我们就用心地扫，扫！扫！扫了这片土地，也清净我们一片的心地。

许多年前，有一次大学联考的考题是："注意你周围的事物，即是一篇好文章"；那时，我也常常讲："每一天就是我们人生的白纸，面对每一个人与物，就是我们一篇好的文章。"这是我很喜欢讲的话。

在生活中，若能注意人与事，会发现有很多值得我们去学习，也可以用这些人、事、物的形态来雕塑我们自己，使我们成为一件完美的艺术品。

注意周围，也要注意自己，一个整体的好坏出于个体，每一个个体若修养得好，一个大团体就会好。所以，一切都要从自己开始，对自己应要求严格，对他人则要时时抱着关怀，这叫做"宽人律己"。

对人要宽柔，对自己要严格，这就是“扩大心胸，容纳一切的众生”，这就叫做修行。缩小自己不断精进，这也叫做修行——缩小自己叫做功，宽待他人叫做德，合起来就是功德。

修行就是从这么细微的一个小点滴开始，如果我们能够如是观而笃行之，周围的人、事、物，哪一样不是我们修行、下功夫的契机呢？哪一个人生，哪一个动作，不是很美的艺术品呢？

只要我们用心、细心、深心来注意周围，人生即是一篇篇的好文章，所以修行学佛，要时时刻刻反省自己，这样叫做定力，这样叫做修禅、修定，这即是智慧。

一秒钟和一辈子

每一个修行人，都有一个目标——“了脱生死，断诸烦恼”。要如何了脱生死？暂且不去谈。先问如何断诸烦恼？在日常生活中，到底我们在想些什么？到底我和人们之间的是非，已经解决了多少？

修行就是要把无明、烦恼拨开，拨开一分的无明，拨开一分的烦恼，我们清净的本性就可以发亮、发光。人人都没有办法预料宇宙间的事情，当然我们也无法预料这辈子有没有办法时时控制自己的起心动念。

人如果能完全掌握自己的起心动念，哪怕是一秒钟，如果能把它控制下来，由小而大，控制了一秒钟的心念，就有一分钟、一小时、二十四小时，甚至可以掌握我们这一辈子的来去自在。来去自在，就断诸烦恼了。

从这个心念的一秒钟开始训练，要怎么才能够求得了脱生死呢？要多多把握这一秒钟行善的心念，当下以智慧代替烦恼，当下即是了生脱死。

卷二

分秒不空过

我感觉时间犹如电光火石，一刹那闪过的光而已。人身难得，不要浪费任何一秒钟，提起精神步步踏实去做。

不要过“年关”，要过“秒关”

你如果想上天堂，就要赶快行善，利用时间来累积善业。年底时，人们常常说，现在是年关，但我们不是过“年关”，而是过“秒关”，不仅不浪费一天，就是一秒钟都不要让它空过。因为有一秒才有六十秒，有六十秒才有一分钟，有六十分钟才有一小时，往后推算就知道每一秒钟都息息相关。我们要踏踏实实度过每一个秒关，一分一秒都要拿来做好事。

有一次，慈济医院送公文要我签署，拿到面前时，我问他：“今天是几月几日？”他告诉我“六日”，我就签上一月六日，他一看就说：“师父，现在是二月，不是一月。”我说：“前几天才说快过年而已，怎么那么快就二月了？”

日子就是过得这么快，不知不觉中又过了一个月，日子到底是怎么过的呢？我感觉仿佛是电光火石，一刹那闪过的光而已。时间不会为我们而停留。时光匆迫，人身难得，因为做人，我们才有解脱的机会；因为做人，我们才有进步的机会。

普贤菩萨劝人精进如是说："是日已过，命亦随减。"我们日常的生活，一切的举动，要时时刻刻保持健康的心态、开阔的心胸，再接再厉保持恒心，不要浪费任何一秒钟。

珍惜每一个“人缘”

“未成佛前，先结人缘”，生于世间，任何一个结好缘的机会我们都不能让它漏失掉。假如在群众中没有结好人缘，互相结怨连仇，这个恶缘将会带到来生，成为行菩萨道的障碍。

以前有一次到台中，一位年轻的妈妈，带着三岁半白白胖胖的孩子一起来看我。

她是电台的广播员，也得过几回金钟奖。她说自从知道慈济后，每天早上都会收听我在电台中的讲话，也期望慈济的精神能透过她所主持的节目播送出去。

后来她又说，本来这个小孩子是托人照料，但她听到我说：“作为一个妇人家要很勤劳，不但要做成功的太太，也要做成功的妈妈。”于是就把小孩从保姆那儿带回来。之后，她常讲慈济的故事给女儿听，借此教育孩子。

她的孩子会问她：“什么是盖医院啊?”她就解释，盖医院需要很多人乐捐金钱，以后医院盖好了就是要救人……如此慢慢解释给孩子听。

这个小孩子变乖了，不会再打弟弟，甚至还很照顾他。

这就是“缘”，所以说未成佛，我们要先结人缘。好缘会聚，无论大人、小孩都能“一见欢喜”。

口舌掀起滔天浪

曾经在报纸上读到一篇文章，大意是有位老师为学生上课，教到“吾日三省吾身”。老师说道：曾子有一美德，每天总要反省自己的行为举措三次，检查自己有没有不小心犯了过失。老师要学生把这句话背起来。

这位学生回家之后用功地背诵，他父亲听见了就问他，“吾日三省吾身”这个“吾”指的是谁？他回答：“老师呀！”他的父亲听了很生气，就告诉孩子，这个“吾”的意思就是“我”。第二天老师考试的时候问：“吾日三省吾身的‘吾’是谁？”学生很快地回答：“老师，我知道，是我爸爸！”

这就是人的通病，在听别人讲话的时候，总是事不关己，不肯用心去听，结果产生许多误会。

另外一种则是利口辩辞、针锋相对的人。

有一家理发厅聘请了一位来自国外的理发师傅。客人一坐下，他为客人围上毛巾，就问客人来自何处，客人回答：日本。他立刻又扯下毛巾，说："我有一个原则，就是不为日本人理发。"

这位日本人回过头来问他："你是哪个国家的人？"他说："我是犹太人。"日本人说："很凑巧，我的原则是不让犹太人为我理发。"就这样走出了理发厅。

这两个人以眼还眼，以牙还牙，言辞对答之敏捷堪称聪明。有很多人就是这么聪明，一句话出来，立刻用另外一句顶了过去，然而，这种聪明人是不是能够吸收他人好的观念呢？是不是真的聪明呢？

子曰："巧言令色，鲜矣仁！"利口辩辞针锋相对，口舌掀起了滔天巨浪！这就是世间之所以人祸不断以致召感天灾的原因。

所以，我们要讲好话、存好心、做好事。

狂暴的台风来临了

夏季常常乍来台风，必须做好防台工作，愈是平常的事情，它所包含的真理愈真切，愈是在平常之中，无常的事情愈是常。

有一位年轻人，从小父亲就常在外应酬。还没有出门以前，那是一位庄重、有威仪的父亲；回来时却和出门前判若两人，喝醉酒回来就骂太太、打孩子。

在社会的教育以及母亲专心的培育下，年轻人学业成绩优异。在家里，尽管对父亲有巨大的不满，他还是压抑住了。

大学毕业前，他和同学一起参加庆祝及惜别会，庆宴中有酒、有菜。

他看到满桌的菜肴，又看到酒瓶很好看，倒出来的酒恬静、冰凉、味道又香，他不懂：为什么酒喝到肚子里，会使人变得丧失理智？

等到酒传到他面前，一来是不解，二来是复仇，就举杯一饮而尽，甚至，连别人的酒他也喝了。

年轻人喝醉了，勾起满腹的恨意，教育的薰养、妈妈的温柔忍耐都被抛在脑后。回到家，刚好父亲也带着酒意回来，两人发生了冲突，他恨不可消，竟错手打死了父亲。

所谓“酒不醉人人自醉”，酒不会诱引人，只是我们的心被诱惑了，这就是欠缺一个防备的心理，就像没做好防台准备，难免祸灾临头。

随时提防狼来了

面对气象报告，我们一定要相信相关资讯，同时也要做好准备。

面对人生要时时警惕谨慎，不要像放羊的孩子，常说："狼来了，狼来了！"喊多了就没有人相信了，真正遇到危险时，再叫也没有人理他，羊就被狼吃掉了。我们要时时提高警觉，当作野狼时时都在身边。

而无明惑风常在我们内心兴风作浪，比预防外面的台风还难，一不小心就乌烟瘴气，阳光也照射不进来。

所以说，要时时顾好自己的心，去恶就善，莫让人心中的狼吃掉了羊。

有终生之忧，无一朝之患

为什么地球上天灾这么多？那是因为人们多造恶业——电视上每天都有战争的画面，恐怖分子时时都在残害无辜，这就是人祸。少数人的心态偏差，造成了普天下众生性命涂炭，这一切都是从心而起。

人，生活在宇宙之间，宇宙是个大乾坤，我们的身体是一个小乾坤，大乾坤是四大假合，小乾坤也没有离开四大因素。

地震惊动了无数人的心，这就是地大不调。

台湾夏季多雨，有时台风过境带来豪大雨、山崩、桥断、土石流危害人命，这是水大不调、风大不调。

至于干旱、热浪、暴风雪等等，则属于水、火、风交叉不调。普天之下，大自然的景象不能调和，众生就会遭受很大的灾殃。

我们应该要分分秒秒保持修行的心态，不让自己的心行动作有不调的时候。所谓“圣哲有终生之忧”，既有终生之忧，就可免除一朝之患，谨慎自己的行为就不会犯错造恶。人心平安，大地就能调和，减少天灾祸害。

从自己做起，影响旁人，世界就会更好。

莫待雨露枯干了

人生除了需要物质，更需要慧命。慧命中的甘露法雨，应该时时去追求，慧命缺少了，甘露法雨就会枯萎，这比世间的缺水更可怕。

台湾多台风，台风动向又常诡谲难测，常常一个台风从轻度突然转为强度，又转为中度台风。然而台风的来临，却往往唤起了各地民众不一样的心情。

有的人听到台风要来很高兴，有的人则很忧虑。有的地区的人一听到台风要来，是抱着欢喜期待的心，希望台风能够早些降临，带来雨水以解旱象。有的地区则很忧虑，因为正是稻子收割的季节，可是，稻子尚未收割入仓而大雨将至。

有的人因为工程正在施工，水泥还没有干，鹰架也还没有拆，所以心中很忧愁。

世间就是如此，忧愁、欢喜源自普天下众生心理上不同的企求，于己有利者就欢喜，会有损失的人就显得忧虑。

我们往往只会在表相上缺少了某样东西，才懂得去追求。事实上，世间缺少水分，只是短时间内的缺水，然而，慧命要是缺少了甘露法雨的滋润，一旦枯萎，想要复生可就难了。一失人身，万劫难再，这一生接触了佛法却不思好好利用佛法，实践佛法，来生想要再遇佛法，可就很难了。

灵犬救主

在灾难频传时，有时候也会发现感人的事迹。

许多年前，我看到报纸刊登：有一户人家住在山脚下，屋主是一个工人，他只养了一只狗，平时狗是绑着的。

有一天，天将黎明时下着大雨，突然间狗不断地狂吠吵醒了他，主人很不耐烦地起来查看。

当他跑出屋外，顿然发现雨势豪猛，而且山的声音也极为异常。于是他拔腿就跑，拼命往前冲，五六分钟后，屋后的山崩塌下来，将他的房子掩埋住了。

他心中很感激自己的狗，突然间想到狗是绑着的，根本跑不出来，所以趁雨势较小、崩落的泥土稍微停下时，又冒着生命危险回去找狗。因为他抱着一份感恩，所以不顾生命危险，进入掩埋了一半的屋子。看到狗被埋了一半，他小心地挖开泥土，并且搬开压在狗身上的东西，救出了它。

狗被救出来时全身湿透、脚也受伤，他立刻用一件旧衣服将狗包住，抱起来涉水到安全的地区。

这是在灾难中一段感人的故事，狗的灵感比人还要灵敏，山要崩塌以前它就有预知的能力，还对主人如此忠实。

过去的君子，只为了一餐之恩，就可以终身难忘。现在翻开社会新闻，所报导的往往使人心寒。

看多了有时会觉得人不如狗，狗和其他畜生都有一份灵感，道理却没什么大不了，它们只是返璞归真，所以能感受大自然的细微变化。

我们修行就是要修得返璞归真。

秦始皇如尘灰

有人问，什么才叫做成功的人生？在什么情况下，人的观念向好的路走去，或者向恶的路行走？

大陆有很多壮阔的景观，除了大自然的美景之外，还有人力造成的伟大工程。这些伟大的工程今何在？现在早已成为一堆废墟，但是当初建造之时，不知道牺牲多少人力与生命！

我们看看万里长城，或是秦始皇的陵墓。万里长城原是为了要保护江山抵御外犯，只要读历史或看看相关的一些戏剧，就可以知道万里长城之下，埋了多少青壮的尸骨！

“孟姜女哭倒万里长城”虽然只是一个故事，但在那里牺牲了很多生命，却是不争的事实，为了要保护一个人的基业而牺牲这么多人！不但在世时，为了顾好自己的基业，称王雄霸在人间，就连死后在地下仍然要称王雄霸，因此在墓中也建筑了宫廷。可是，他依然在墓中称王吗？

许多年前，大陆的考古学家发现了遗址，开始挖掘，清理出许多殉葬者的尸骨及陪葬品，还有大批陶土做的兵马俑。到底秦始皇何在？人生就只为了自己而计较、争斗，牺牲了天下人的生命，纵使完成了多么大的基业，所留下来的也只是臭名万世。如果提到秦始皇，天下大恶无不归，所有的恶事都归纳到秦始皇身上，这样的人生有什么价值呢？

要是他当时能够将称霸天下这股力量，拿来拯救天下众生，现在也可以称贤称圣，成为人人口中所赞美的贤圣人物了。人只是一个念头，转了一个念头“为自己”就会留恶天下；为众生却可以成圣贤于人间。

一灯在心与万灯之寺

从前有一位年轻尚未受大戒的沙弥尼，住在一座古寺内。古寺有一位师父，带领着许多受戒的比丘尼，以及很多尚未受戒的沙弥尼。这位沙弥尼每天都很认真地听住持师父讲经。

师父时常讲：要明心见性，众生就是心地黑暗，所以愚痴覆蔽了清净的本性，修行最要紧的就是要明心见性，才能够解脱悟道。

这位年轻的沙弥尼完全听不懂，什么叫做明心见性，什么又叫做无明？要如何解脱悟道呢？本性又是如何被无明遮住的呢？有一天他进去为师父打扫房间，即趁机请教师父，要如何才能去除无明、明心见性。

师父告诉他："凡夫的心地黑暗，你要点燃你的心灯。"过去的出家人非常尊重住持方丈，师父回答之后，他不敢再问第二次，只记得要点燃心灯，可是又该如何点燃心灯呢？他真的不懂。

何谓无明他都不懂了，要如何点燃心灯他更不懂，这个疑问一直放在他的心中。随着年龄的增长，他终于受了戒，后来离开了古寺，到了另外一个地方去建筑一座寺院。

他的座下也收了很多的弟子，他每天都点燃一盏灯火，几十年之后，这座寺中点燃了万盏灯火，因此被称作“万灯寺”，他每天就看着这些灯火。一直到了将近八十岁，身体违和了，最后之日，他把弟子全部叫到身旁。

他说：“你们可知道我为什么要建这一座寺院，每天增加一盏灯火？现在寺内周围，上上下下已经具足了万盏灯火，这是因为在几十年前，我的师父告诉我要点燃心中的灯火。我每天都点亮一盏灯，希望能把灯火点入我的心中，除了点灯之外还看灯，不断地想着：该如何来点亮心灯？诸位，我已经点燃了万盏灯，可是我的心灯却还没有点亮，这是我这一生中最为遗憾的。”就这样他流着伤心的眼泪，往生了。

心灯无形，那位比丘尼听到“点心灯”，却无法悟出点心灯的意义，只是每天在寺内点佛灯，纵然他点了万盏灯，仍无法燃起心中那盏明灯，徒留遗憾。

太阳在哪里

真正透彻的道理，向一位无法接受的人宣说，并且要他了解，是一件很困难的事；对于能够了解的人，则“一理通，万理彻”，一听就可以拳拳服膺，不必赘言。

佛陀说“大道无言说”，真正的大道理，你要如何讲呢？有时再如何解释都讲不通，就像明眼的人向盲人解释太阳的形状一样。

有一位眼睛看不见的人，他一出生就未曾看过太阳，有一天问旁人：“你们常说太阳、太阳，什么是太阳？太阳是什么形状呢？”旁人告诉他：“太阳是圆的。”他又问：“圆的是什么形状呢？”

明眼人赶紧拿一面铜锣让他触摸，说：“圆就像这样。”盲者赶快伸手摸一摸，说：“这样叫做圆的？太阳跟它一样吗？”他接过铜锣，再轻轻地敲敲看，咦！会出声，他脑海里闪过一念：“噢！原来太阳的声音就是这样的啊？”

他走了一段路，听到远处有一间寺院在敲钟，他想：

原来太阳就在那个地方。于是，循着钟声一直走到寺院。到达时他就问：“太阳在哪里？”

寺院的人告诉他：“太阳光可以照亮普天下，你要到哪里去找太阳呢？”他说：“可是，这里明明有太阳的声音啊！”

寺院里的师父说：“那是钟声，不是太阳的声音。”

但是，再怎么解释，他就是不相信，真是有理说不清！后来这位出家人又告诉他：“太阳没有声音，太阳的功能是会照亮普天下，它的形状是圆的，而且它有热度，太阳的光热能照耀天下。”

盲者说：“可是我看不到啊！光和热我无法了解。”出家人就拿了一支蜡烛把它点亮，说：“太阳的热和光跟这个相似。”盲者小心地伸手探摸：是一枝长长的、上面热热的东西，他又以为这就是太阳。

盲者凭着触觉及听觉而自作聪明，以为太阳会出声音。所以，寺里的师父不得不用蜡烛来譬喻太阳。但是，他又以为太阳是一支长长的东西。其实，这是要表明太阳的热能和功用，他却又执著在那长长的形状！

有一天，一位乐人拿着笛子吹得很自在，盲者听到声音，问说：“这声音是用什么东西吹出来的？”“是笛子。”

他又问："笛子长得什么样子，可否借我摸摸看？"一摸，盲者很惊讶地说："这是太阳，你用太阳在吹曲子？"

要做真正的明眼人，必须用眼睛看、耳朵听，要双管齐下。但是耳朵可以听，也可以"看"；眼睛可以看，眼睛也要顺便"听"。双管齐下，便是"多用心"，多用心，则可明辨矣！

穿过窗户的大象

许多佛教徒会去“朝山”，在路上要三步一拜并不是容易的事，一般人不易做到，而佛教徒就有这份勇猛心。三步一拜的形态是非常虔诚的，但是我相信在这么多拜佛的人当中，有的人拜下去时所观想的可能不是释迦佛，即使拜下去时想到了佛陀，但后面还是心思纷飞——想到儿子的事业、媳妇是否听话、孙子是否认真用功……种种烦恼，念念相随。

有的人经营房地产，说不定一拜下去就想到土地卖出去可以赚多少钱，投资股票的人则希望朝山回去所得到的消息是股票涨价，这些人在形象上都通过了，却还有一个“尾巴”被夹住了。

现在有很多人，不论信奉何种宗教，表面上看来都很虔诚，共修的时候大家聚会，打佛七也好，拜忏也好，或者大型的法会也好，总是有个形式聚在一起。但是，下殿之后，人与人之间相处却心念分歧，也就是是非之心放不下。身形看来虽然很殷勤，但是心念却放不下，心中有什么念头呢？莫过于“贪、瞋、痴、慢、疑”。

禅宗有一个故事，有一位国王梦见一头大象从很小的窗格子中穿过，身体都已经过去了，偏偏尾巴被卡住了。国王做了这个梦之后觉得很奇怪，他就去请教一位解梦的星相家。

这位解梦的人告诉他，人们多数在形式上求解脱，可是心念里却充满了贪、瞋、痴、慢、疑。

同样的，人在修行的形态上，已经破除了很多的困难，比如父母不允许或是家庭责任未了等等，好不容易破除了种种责任、难关出家了，但是出家后，心念偏偏又放不下，还有很多不清净的意念。这就像大象的身体已经穿过窗子，偏偏那个小小的尾巴被卡住了。

人生在世，心心念念，不也常常被窗户夹住，动弹不得吗？

明眼人撞到了瞎眼者

从前有一位盲者去拜访一位法师，向他请益，天明时候去的，一坐下就谈得甚晚。寺院位在偏僻之处，他要离开时，法师就点起一个灯笼，让这位盲者提着。

盲者接到灯笼之后问法师："这是什么？"法师告诉他："是灯笼。"盲者说："师父，您在跟我开玩笑吗？我的眼睛根本看不到！有没有灯，对我来说都是一样！"

法师说："我知道这盏灯对你来说有没有都一样，不过，外面很暗，要是你拿着这盏灯，别人就不会撞到你了。"盲者心想也有道理，于是带着灯笼离开了。

走了一段路，还是被撞到了，撞到他的人凶恶地骂他。他说："是你撞到我，难道你没有看到我手里拿着灯笼吗？"撞到他的明眼人说："你的灯笼已经熄灭了！"盲者说："我是因为看不到，才需要拿灯，你是个明眼人，为什么没有看到我呢？"

这一个故事，道理历久弥新。有的人眼睛看不到，有没有灯都是一样，但是他却还会想到要追求真理，这就是要点亮自己的心灯。而有些眼睛看得到的人，却不懂得去追求道理，甚至明眼人撞到盲人，还无理骂人。

有的人听了佛法、懂了道理，有时无明一来，还是强辞夺理，明眼和眼盲又差多少呢？黑暗固然痛苦，当我们走暗路时，心里也是很惊慌，唯恐踩到窟窿或踩到蛇，那种猜疑心难免会有，怎么样才能无忧无怖呢？

学佛不是要学聪明，而是要学智慧——透彻的智慧所表现出来的是爱与慈悲的形相。如果不点起心灯，启发内心的智慧，光是用肉眼看人，就会时常撞到人。躺在医院外科病房里的，通常都是明眼人，他们因为看得到世界，但是又疏忽大意，才会发生车祸。

病痛原本是启示

人生在世间，平时不感觉到苦，一旦有病痛或有心事，往往觉得如吞黄莲！有人说："人家说世间苦，我倒不觉得。"那是因为他生活在平顺中，不觉得有所挣扎。

看待生命要是能够到达"生而无生，死而无死"，才有真正的轻安。禅宗公案，有一位学僧问他的老师，什么是菩提道？什么是清净的觉悟？他的师父说："你现在赶快死！"他一听立刻全身躺直。

他的师父说："人死，心还没死。"他回答："你要我死，我马上就死，哪有人死心不死？"师父说："人死了，怎么还讲话？"这位学僧立刻开悟。

这故事听起来好像儿戏一样，事实上，一切的举动都是禅机。老师说一句话，也是含藏着很多的禅机。"要你马上死"，意思就是叫你万缘放下，"生就生，死就死，迷就迷，觉就觉"——这就是要我们的心时时刻刻、分分秒秒都随缘放下。

但是，听的人以为遵师命就好，要你死，你只要躺下来，做个我依你的话而行的举动，这只是在行动上听话而已。“人死心不死”，意思是说，只在做表面功夫，内心并没有做到万缘放下，表面的死，并没有打死内心的念头。

弟子认为，“你要我死，我就死，难道还不好?”这就是反抗，自己无法彻悟，所以，“人死，心口未死”；一定要身、口、意三业通通都死，这样才能真正静得下来，心无所求，意无贪恋。我们要随缘消业障，若能如此，怎么还会有什么灾殃呢?

病痛是过去所造的业，现在来承受，身体就是承受一切业力的报身。一阵的病痛来，我们就要有一分的感恩：我又病过一场，等于一番的业我又承受下来，那业，就消掉了，不执著于病痛，如黄莲苦口，却也清脾益身。

将军和他心爱的杯子

我们住的地方是娑婆世界，各种感受因人而异。有的人住在好修行的地方，却是满心烦恼，当下即是娑婆五浊的世界；有的人住的地方真的很简陋、复杂，但是他少欲知足，时时抱着欢喜的心，那么即使是浊世恶土也会变为净土。

过去日本有一位将军，在争战时可说是万夫不挡其勇。这位将军在国家没有战事、比较安宁的时候也有一些爱好，原来他喜欢瓷器，其中有一个极心爱的杯子，他甚为珍重，一有空暇就欣赏把玩。

有一天，他把这个杯子拿在手中欣赏，心里正高兴时，忽然手一松，杯子差点滑落于地，幸好他动作快，又把这个杯子捧住。

东西险些滑落时，我们的心会吓一跳，把它捧起来时，我们会流了满身的汗，这种经验，人人都有。这位将军也是这样，尤其那是他最喜爱的杯子，在快速捧起杯子的刹那间，他就想：为什么我平时进入战场，刀、枪、剑都不惧怕，但是为了这个杯子，我竟吓出一身的汗，为什么？他一直问自己：为什么？

忽然有个念头在他脑海里闪动：那就是为了爱，贪爱，有这份贪爱，就会有恐惧！因此，他把手中这个很喜爱的器皿丢得很远，很远，摔破那个杯子。当下他觉得一身的轻松，没有挂虑，不会再为了这个杯子而生起惶恐忧怖之心。

这是一个启示，平常我们可能觉得自己很优势，没有惶恐，其实人人都有弱点。修行人也有一分弱点，平时以为自己多有修养，心胸多宽大，一切都为他人，不为自己。但是，到了利害关头时，就可能生起要如何保护自己、要怎样才可以胜过他人的心态，希望能早一天爬得很高。这就是人的弱点，我们修行，要修得时时心都坦坦荡荡，了无挂碍。

御花园里的小鹿

世间人，心易动，“爱著福果报，而不好福因，求有不求灭”。人往往只知道向“有”的方向一直去追求，向爱欲的境界去贪取。

社会人心多陷阱，但是我们的心不要被动摇。佛教比喻世间相是为“爱河千尺浪，苦海万重波”。世间犹如一条河或一座海洋，风一吹来就翻起波浪，我们的心，若经不起社会上的爱欲引诱，也会陷于“苦海万重波”而灭顶。所以，世间人心多动摇，因为处处皆陷阱，因此心时时都在动，难得有静心的人。

为什么心动？因为“爱著福果报”，做了一点事情就说是在造福、可消灾。我也时常听人家说：“我拜佛拜得这么虔诚，为什么所求的不能如愿？我也做了很多好事，为什么还是有那么多障碍呢？”

这就是“爱著”，为了求福才肯去做一点点好事；做了一点好事又时时记挂在心上，这叫做爱著福果报，而不好福因，一个人如果做什么就想立即成功，或是还没造福因就想成就福果，实在难啊！

佛陀说过一个故事：有一只很漂亮的鹿，有一天突然跑进国王的花园。园丁见它进来，怕惊动了它，所以不动声色，让这只鹿逍遥自在地在御花园里玩耍。

此后，每天它进到御花园时都没有人来惊扰，久而久之，它就很自在地进出，在御花园里吃起细嫩的草。有一天，国王到花园来赏花时，看到这只美丽的鹿，甚为喜欢，命人将鹿捉起来送到宫中。

园丁希望国王给他一点时间。尔后，这位园丁每天都在草上喷蜜，这只鹿吃到甜甜的草，浑然忘了自己置身何处，更没有警觉到周围有人。于是，园丁开始用木栅将鹿的周围围起来，它仍然没有察觉，还是继续吃草，它不知道自己的活动范围已经愈来愈小了。

后来这位园丁身上背着一些草，肩膀上挂着一罐蜂蜜，将蜂蜜倒在草上，去喂这只鹿。为了吃那甜甜的草，鹿儿也不觉得自己所吃的草是人拿给它的。于是，园丁就一步步地将它引进皇宫。等到园丁将草收起来时，宫中的人全部围过来，这只鹿才如梦初醒，看到那么多人，吓得全身发抖。

国王看到几天前这只鹿在大自然的环境中，显得那么逍遥自在，现在进到宫中，反而惶恐得全身发抖，这只鹿的境遇启示了国王，他想：众生往往心动于味觉、贪著于气味，它若不贪著于爱欲，也不会陷入人们的圈套而惶恐挣扎了。人就好比这只鹿，时常为了贪爱而进入圈套、陷阱。

爱如果贪著，就会愚痴，如闯进御花园的小鹿。如果人人能够从众生心回归到真心，就能做自己的主宰。

歧路之上，才有亡羊

冬天一来，霜落雪冻，树叶也随之枯萎，这就好比人生老迈的时候。我们的心要时时保持在春季，万物生根发芽的时刻，那就是精进。佛陀在世时，教育弟子行六度：布施、持戒、忍辱、精进、禅定、智慧，于其中，精进为第一，因为精进是我们抵达佛道的原动力，就像汽车与飞机的引擎。

佛陀的僧团里，有一位比丘十分精进，他求道心切，十分用功，经过了六七年的时间，他体悟佛陀教法的高妙，也知道要自己身体力行。六七年过去了，他认为：佛陀的教法，该听的我都听了，该懂的我都懂了，现在需要的是自修的时间。可是，在僧团之中通常没有时间好好用功，必须赶快找一个地方修行。

于是，他到深山之中认真地坐禅观法，同样又过了七年的时间，但是，他发觉外境愈静，心却愈是定不下来。有时一定下来，他就自我反省："在这个境界里我到底获得什么？在佛陀座下，虽然是僧团群集的生活，却可以过得平安清净；脱离僧团，我又在这里得到些什么？”

七年的时间很快就过去了，中年过了，老年将至，万一到了最后一刻还不知道路在哪里，失去人身，万劫难再，该当如何？他觉悟到，不应该离开佛陀身边，因此又回到精舍。

他不敢马上去见佛陀，只好去找过去在僧团里谈话比较投机的人。师兄弟慢慢地安抚他，静听这位比丘满腹的抱怨，后悔空过了七年的时间。

舍利弗说：“现在唯有佛陀才能够解开你内心的烦恼，我带你去见佛陀。”当事人非常的愧疚，舍利弗即勉强带他到佛陀座下。佛陀看到这位比丘来了，就向舍利弗说：“不想见我的人，你为什么勉强带他来呢？不听话的人，勉强他做什么呢？”

舍利弗为他讲情，佛陀的态度转为温和，听他讲在僧团的七年以及自修七年的心路历程。但是，此时他修行的信心以及精进的念头都已经冷却了，所以，他内心非常惶恐。佛陀告诉他：“你过去生曾经走错了路，后来又生起勇猛奋发的精神，你那股精神到哪里去了呢？”这位比丘全神贯注地看着佛陀，并专注地聆听佛陀的训诲。

佛陀问他奋发的精神和智慧到哪里去了？他仿佛大梦初醒，体会到“精进之路是平常道”，稍有不慎就很容易走向异端之路。

人生如同学佛，若选择了一条路，不论是快是慢，只要是正确的方向，一定要继续向前走，否则一步差，则步步皆错。走上歧路，犹如亡途之羊，放弃坚持与理想，最终一无所得。

经商者的故事

佛陀讲过一段自己过去生的故事。他说，有两组商队要外出经商，出门之前将货物准备妥当，各自又带着几十车的粮食和水。因为商队的人数众多，为了避免秩序混乱，于是两队的领队就商议分批出发，其中有一位很有智慧的领队说：“既然两队要分批出发，请问你要先走还是后走呢？我让你先选择。”

另外一位想：我不必争取就可以得到选择权，真是求之不得！于是他选择先走。因为他觉得先出发，拖车的牛只可以先吃到一路上的青草，而且大队人马走过的路很可能被践踏得不好走，所以先走比较平顺安全，也可以得到比较丰富的水源饮水。

不论哪一方面他都考虑得很周密，以为这样可以抢得先机，而且到了一个新的城市，新的市场好开发，先出发可以得到种种的好处。

另一队的队员很不满，他们觉得好处都被占先殆尽！

跟着后面走的人，不但牛只没草可吃，路又被踩坏了，岂非危险十分？而且生意要是被他们谈定了，踵继其后岂不是没生意可做。

这位有智慧的领队告诉他们说：“没错，先出发的人一定可以让牛吃到青草，不过，草被吃过之后还会长出鲜嫩的新草，我们的牛正好可以吃到鲜嫩的草。其次，大队人马走过的路反而更为踏实，而且市场有了他们投石问路，我们再去会比较安定。”

他处处都往好处想，心意坚定地领导第二批出发的大队向前走去。他们经过广大的沙漠地带，里面有很多夜叉恶鬼。这些夜叉专门吃人肉、喝人血，要是经过的人身体健壮，他们就必须费很大的功夫，于是夜叉首领就告诉夜叉众，大家手拿一朵青翠的莲花，将身体淋湿，去诱导商队走入乏水缺粮的境界。

夜叉们走到第一组商队面前，商队的领队看他们手执莲花，身上又湿润，就问他们从何处来，那边是不是有水？

众夜叉回答：“我们从南边来，那里不只有水，而且还时常下雨，天上降雨，地有清泉，你看！那边开着这么美的莲花，土地当然也很肥沃！”

领队听了很高兴，他告诉商队人员说：“不用辛苦地运水了，过去不远处时常都下雨，又有流泉，大家可以把水倒掉，比较轻松。”

大家听了他的话，纷纷把水倒掉，身心轻松地向南走去。可是愈向南走，才发现前面是一片寸草不生的空旷沙漠，天色已暗，他们只好将车子围成一个圈子休息。几天之后，他们因为缺水缺粮，精神委靡不堪，夜叉趁机吃了他们的肉、喝他们的血，留下一片狼藉。

几天之后，随后的商队也来到这个地方。在尚未到达夜叉的地盘之前，这位有智慧的商人就告诉大家，不论遇到什么样的境界，心都不可以动摇，即使对面有流泉或雨水，我们的饮水都要守好。休息时，他一定将车子放在中央，人则守在外围，他自己就在周围巡逻，照顾大家，以保大家精力充沛，人车都有活力。同样的，他们也遇到了夜叉手拿莲花，身上淋水，引诱着他们，但是他们毫不理会，继续向前走去。

来到前面商队遇难的地方，看到人和牛马都死了，但是，牛车上所载的货物安然无恙，于是他们就将车上的货物搬过来，运到其他的市集去，赚了一大笔钱。

佛陀说：“想占便宜的人，所得到的结果又是什么呢？

要是能够时时礼让，时时将心念往好处想，坚定所选择的道路，总会到达目标。”

佛陀的意思，即在教导学法修行的人，心不要在半路起退转，也不要取异道，这是很危险的行径。在正道中也一定要有定力，并且待人退一步，爱人宽一寸。我们若能够时时宽心待人，做事时时都退一步、让一步，在人生道上就可以生活得很快乐。

得了“缺爱症”的富翁

人人生活在这世间，何者最幸福？何者最快乐？什么事最苦恼？什么会使人生病？只有一种方法，丰富他的爱心，他就没有病了；欠缺爱心的人，则全身都是病。

若是爱心充足，一切为别人着想，所做尽是付出，肯定会获得快乐；假如欠缺爱心，一切贪取，为了一个贪字，千奇万疑就发生了。

佛陀在世时，有一个富翁，他的财产占了整座城的一半，但是，他却嗜财如命，爱得心无他念。因为太爱钱，所以对身边的人随时随地起怀疑。

日久月长，他的亲戚，甚至太太、儿子都一一离他而去，他的仆佣也受不了而离去，只剩他一个人生活在孤寂中。他不快乐，却不知道不快乐的根源在哪里，每天还是守着那些钱，在疑与慢之间煎熬。

一遇到不如意的事，他就发脾气，认为：我很有钱了，可以叫你做任何事。这就是贪、瞋、痴、慢、疑种种毛病都聚集在他的生活中，所以他非常痛苦，日累月积之下，终于，他病倒了。

佛陀知道了，觉得他是世界上最可怜的人，于是亲自到这位悭贪老人家中，为他开解人生的道理。因为已经很久没有人如此亲切、慈祥、自动地来到他面前，与他说话，佛陀慈爱的行动感动了他，这位悭贪的富翁向佛陀合掌，恭敬地说："佛陀，我全身都是病，将不久于人世！"

佛陀就对他说："你患了缺爱症，心中欠缺了慈悲的爱念，若要医好身病、获得幸福，唯有一途，就是把你埋在深处的爱心发掘出来！"

这位富有却悭贪、孤单的老人听到"爱心埋藏在内心最深处"，他的心真的颤动了！佛陀离开之后，自己静静地思考，终于领悟到："对！当我生病之后，我最爱的东西能为我做什么？我的妻子、儿子、亲人因为我不曾给他们爱而离我远去，这样的人生多苦！"

他赶快叫人把孩子找回来，说："儿子，过去我辛辛苦苦地赚钱，无非是要把产业留下来，现在我想通了，一个只会守着钱财的人并不快乐，为钱计较真的很痛苦；一个只会爱钱而不会用钱的人，是天下最大的傻瓜。"

他继续说："我已经决定把这些产业交给你，但是，如果你不懂得用钱，还是没资格接受这些产业。现在我交给你三千贯钱，在一个月内，如果你能帮我用掉这三千贯的钱，我就把产业全部交给你。”

他的儿子向来用钱都很不自由，更已受尽了缺爱的痛苦，现在忽然得到这么多钱，一时也不知该如何支配。后来他想到：人生欠缺爱是如此痛苦，我要这些钱做什么呢？若只拥有钱财，像父亲有那么多钱也没什么用。所以他发愿要把这些钱带到最贫穷的地方，扶助孤苦无依的人。

看到无依的老人，他就找一个地方让他安顿，好好养老；有病的人，给他们医药；缺乏衣服的，给他们衣服穿；孤儿无处依靠的，他就建立孤儿院。总之，他到最贫穷、苦难的地方去布施，一个月后，他回到父亲的身边，告诉他父亲说：“我把所有的钱都用完了。”父亲问他把钱用在什么地方？

儿子详细交代了钱的去处。老富翁满心欢喜：“从以前到现在，每次有钱进来，我只不过把钱的数目点一点，知道钱的数目又增加了，可是从来不知道，钱好好用出去时是这么的快乐，震撼人心！”他埋藏在最深处的爱心，一刹那间都被启发出来了。

他说：“爱人是如此的幸福、快乐，爱已经治好了我满身的病痛。”他的人生完全健康了。

世间人常常欠缺爱，在团体中生活，为什么会不快乐？是欠缺爱；同事与同事之间，为什么有“人我是非”呢？更是欠缺了爱。

如果有大爱，人与人相处一定会很欢喜，很快乐；同事之间，一定会很和谐。所以佛陀说“四摄法”：布施、爱语、同事、利行。在日常生活中，一切都为他人着想，为利益他人而付出，这就是菩萨行！菩萨岂会得“缺爱病”！

被歹徒教坏的大象

人的心很容易受到动摇，明明做的是对的事情，然而心有所著，很快就会被移转。若著于恶，则恶自近。

佛陀曾经告诉座下一位比丘："你的心就是缺乏主张，什么人说的话你都可以信受，谈正法你信正法，谈邪法你信邪法；教善你学善，教恶你学恶，你的心本来就不定性。"

过去，有位国王统领全国，他有一头聪明的白象，国王为它建了一座别致的象舍，还有象伕专门照顾。

当时，城内有一群歹徒经常聚在一起，集会的场所就选在象舍旁边。这些人每回要去抢劫时，就说："人要为自己争取！若是不残忍就无法生存，不伤害他人就无法生活下去！"这头象常常听到如何去伤害人的话，久而久之就以为这些话是对它讲的，所以脑海里充满了"忍"是吃亏的想法。

有一天，象伕为它洗澡，不小心碰到它的痛处，它一生气就用象鼻把他卷起来，摔到很远的地方。象伕感到很吃惊，平时温驯的象，今天怎么会变成这样？他走到大象旁边去问它："你怎么会这个样子？"结果，这头象又把他卷起来，丢到更远的地方去。

象伕吓得躲得老远，大象更以为只要发威，就可以得到人类的信服，所以，它就用尽力气把象舍周围的东西都撞坏了。它还觉得这样很轻松、很欢喜，这是它的自由。

象伕向国王报告："大象发狂了！"国王就对身边的一位智者说："你赶快去看看，我心爱的大象为什么会发狂呢？"

智者看了看，认为大象没有发狂，一切都很正常。他又看看环境，问这位照顾大象的人："附近是否有人出入？"

象伕据实以告，智者于是回去向国王禀告："大象很正常，只是它脑海中已灌输了不正确的邪法，希望国王能请出家人到那个地方说法。"

国王依言而行，敦请有德的高僧到那里说法。经过了一段时间，这头象吸收了佛法，又变得温驯良善。

佛陀说到这里，看看比丘："你过去生就是这头象，近善就善，近恶就恶，你的心时时都在动，所以静不下来。"

"先闻邪见法，心著而深入"，我们过去如果听闻邪法，心就容易执著邪见，被它所入侵。所以，学佛必定要亲近正法，才不会污染了自己的心。

猎人学鸟叫

我们这个地方，如果每个人都很和善，可以感应环境与气候，使一切吉祥，这就是善的效应；如果是灾难多的地方，就会感召天时不调，该有风时无风，该有雨时无雨，这也是众生恶的累积所致，当然也是共造恶。

佛陀在世时，有一个国家发生内乱，国王领兵亲征。他前去请教佛陀，为什么国家不能和乐呢？佛陀说这源于过去时，人民的共恶。佛陀讲了一个故事给大家听：久远以前，在森林里有一群小鸟，每天过着和乐的日子，发出合鸣的歌声。

有一位猎人看到小鸟如此多，就生起一个念头，要以捕鸟为营生。他想用一个大网把鸟群一网打尽，但这些小鸟聪明伶俐，看到网子就飞走了。猎人得另外想办法：鸟群一定有一只鸟王，也就是领导者。所以他常常去听鸟的声音，发现鸟群的领导者，叫声跟其他的鸟不同，他就用心地学；也了解这些鸟的生活形态，只要领导者一发出声音，所有的鸟就会跟着它飞。

当他的声音已经练得和鸟王一模一样时，他就把网子撒下，然后学鸟王的叫声。结果鸟群都投网而来，他一面学鸟叫，一面赶紧收网，果然被他网住很多鸟。日积月累，山林中小鸟的数目便一直减少。

后来，有一只很有智慧的鸟，把所有的鸟聚在一起，告诉它们："同伴们因迷于声音而误入鸟网，长期下去一定会绝种。我们应该要有团结的精神，这时候唯有自救，才能脱离被捕的灾难。"

要如何自救呢？它提出建议说："我们要同心协力，鸟网一下来，我们就合力抬起来，展开翅膀，把鸟网衔到别的地方去。"

"这真是一个好方法！"

隔天，捕鸟的人又来了，这些小鸟就全员出动，网一撒下，每一只鸟都同时展开翅膀把网子顶起来，然后，抬着网子一直飞到干枝枯叶的地方，才把网子丢掉。

捕鸟的人看到他的鸟网被鸟群衔走，追也追不到，等到他找到网子时，网子已被枯枝、烂叶给勾破了。

这是释迦佛的教诲，他说："世间有很多陷阱，所以要能同心合作。像小小的鸟类，只要团结也能把天罗地网打破，过着安和乐利的生活，更何况是人类呢！同在一个国家，为何不知足，还要互相残杀、争斗呢?”国王听了佛陀的教诲后，深深感到惭愧。

现在，我们看到许多国家交相仇恨与征战，共造恶，不由得又想起这个故事。

心能遍游十法界

心是最容易动摇的，却也是最自由的。

修行讲究心念，有的人在一天的时间之内，“十法界”全部都跑遍了。什么叫做“十法界”？意指四圣六凡。六凡就是天、人、修罗、地狱、饿鬼、畜生；四圣则是声闻、缘觉、菩萨、佛的境界，这十种境界不用说一日，有些人一小时内也可能全部跑遍。

譬如看到贫穷困苦的众生，瞬息之间起了慈悲救度之心，这时候的心就是佛心；与佛心相契，也可以说你就是佛了。有时我们也会觉得，既然来人间，既来之则安之，应该付出所有的功能，立志为社会人群做事，发救度众生的心，这就是菩萨心；能够欢喜地身体力行，行菩萨道，此刻就是菩萨。

假如觉得：“人生真苦啊！名利地位到头来又有什么用呢？其后还有六道轮回的痛苦，唉！我还是努力修行，这一生就将它了断。”这就起了“自了汉”的心。或者有人会觉得："佛法很好，我要赶紧来听闻佛法。"他认真地听，却只想听而不去应用佛法。有的人很有智慧，看到世间四季、境界的变迁就能体会世间无常；这种人尽管能够感受到很多道理，有这份天分，但这只是"自觉"而已，无法再去"觉他"——这就是"声闻"以及"缘觉"的境界。

佛、菩萨、声闻和缘觉的境界，这就是"四圣"的地位。佛与菩萨能够利益众生，超圣于其他两类。声闻或缘觉，则执著于"自了"。

再来就是"六凡"——天、人、阿修罗、畜生、地狱、饿鬼。第一天道，喜欢行善者，行善有善报，天道就是十善业具足的人所享受的果报。此外，只要你现在行善，觉得很快乐，这就如在"天道"一般，现在过的就是天人的生活。

在人间有欢喜、有烦恼，苦乐参半。现在的心境若是有欢喜、有烦恼，苦乐参半，那你现在就是生活在"人"道。

再来是"修罗"，明明刚才发了一个慈悲心、佛心，突然间又来一个境界就开始发脾气，很快就从佛的境界跌下来，变成"阿修罗"。

再者是"地狱"，地狱是由十恶所造。人虽然可能犯十恶，但只要存有一点点善念，将来还是会有得到度脱的因缘；相反的，一个有佛心的人，凡夫心若还没有去除，有时也会掺杂着恶的念头，若是这样，地狱的境界也会很快来临。

饿鬼、畜生道亦复如是，堕入饿鬼道的原因乃源于贪心，堕畜生道则是因为不识礼仪。

事实上，一个人只要有这十种不相同的心念，十种境界很快就已转了一圈。了解了“十法界”，你将选择停留在哪边？心能如坏掉的船沉到海底，心，也能如来去自由的喷射飞机。

躲到人心深处的天帝

人人都有个法身，且与诸佛无异。而人，之所以为凡夫，是因为被迷茫的杂乱心所覆盖，因此清净的自性法身无法显现。要学佛，就必须向自己的内心去找。

人有人的本性，人最清净的本性就是佛性，“佛在灵山莫远求，灵山只在汝心头，人人有个灵山塔，好向灵山塔下修。”人人都有一个灵山塔，若凡事都执意要用两千五百年前佛陀说的方法去修行，哪有办法学到呢？

佛典中有一个故事，有一天，天帝告诉佛说：“佛陀，现在人间有很多人要找我，我想和他们玩个捉迷藏的游戏，不知道该躲到哪里才不会被找到？我应该躲到天边或海角呢？”佛陀说：“你只要躲到人心的最深处，他们就找不到你了。”

这是一个故事，但是仔细想想，天边海角容易找，可是放在人心里面反而找不到。比如外面的声音，远远的我们就可以听到火车的声音或嘈杂的声音。然而，我们自己内心的嘈杂、不得安静，自己却往往无法察觉。其实，恶声恶念，无时无刻不在我们的内心中挣扎，而且扰得我们造出许多恶业来。

我们的内在有佛性，当看到别人善良、好的气质修养时，知道那样很好，我也要学习。但是，回过头来，往往又觉得没那么容易。我们要学佛，觉得佛陀很伟大，有超越人群的智慧，我们也要学他，但是，我们却自己瞧不起自己，老是觉得自己没有办法做到。

佛陀和这位天帝说的话，听起来虽然很浅显，道理却很深。我们要启发良知，自然就可以发挥良能。天性就是良知，但是，我们这份天生本具的良知都被隐藏在内心最深处了，因此要学佛莫远求，最好是向我们内心深处去找。

菩萨游戏人间

佛陀在世时，教法都显现在日常生活中。当时，有一位发心修行的人，看到僧团中每位出家人都很悠闲自在，心里很羡慕，因此放弃了家庭，加入僧团。

但是，出家后每天在僧团中，他感觉到人那么多，而人命短暂，如此可贵！因此，他向佛陀说："佛陀啊！我在人这么多的群体中，觉得心不能静下来。您是不是能够给我一个较好的环境来修行呢？"

佛陀说："你自己去找，找一个你觉得很适当的地方修行吧！"于是，他离开佛陀所住的地方，翻过一座山，在那里找到一个场所，然后开始禅坐修行。但是，过不了三天，他内心深感惶恐，周围连个人声都没有，所听到的仿若鬼神之声，脑海里充满幻影！

他自忖：我在僧团中无法定下心来，在这么静的地方却又起了恐慌之心。我放弃了荣华富贵来出家，这样太可惜了，我还是放弃修行，回去享福吧！

这个心念生起时，佛陀刚好来到他面前。佛陀问他："你在这么静的地方，周围没有人影，会害怕吗？"他虽然心里很怕，但是，口头上却回答说："不，我不会怕。"佛陀就说："好，我们坐下来好好谈。"

当他们坐下来时，看到远远有一只大象走过来。大象来到他们不远的一棵大树下，安详地躺下来休息。佛陀看到大象睡着了，他问比丘："你看到大象安详地睡着了吗？"

他说："世尊，我看到了。"佛陀又问："你知道它为什么走到这里，睡得这么甜、如此安详吗？"比丘说："我不知道。"佛陀说："这只大象有五百只眷属，它们日夜都围绕在它身边，大象有时真的很厌烦。所以，它暂时脱离了象群，希望能够好好休息一下。象是畜生类，连它都有这分舍闹栖静之心，可惜有很多人却不会好好珍惜宁静的环境。"

佛陀又说："闹往往是内心在闹。有的人修行，人在闹中心清净；而有的人却是人在闹中心纷乱。修行主要就是修一个'静'字，要坚定心志、安静我们的心态，这叫做'发清净心，坚定修行'。"

人的生活每天看来很辛苦，不过，若是将它当做"菩萨游戏人间"，即使忙忙碌碌，却能够找到本心、利益人间、造福人群，这就是福！

卷三

放下，自我解结

有“智慧”的人心胸宽大，“聪明”的人心量狭窄，凡事不要钻牛角尖斤斤计较；天下没有不能解决的事，就看自己是否愿意自我“解结”。

不要精明到钻牛角尖

世间有成、住、坏、空，人心也有生、住、异、灭。有位年轻妇人来见我，提起先生有外遇，如今与人同居，不再回家。妇人因为自觉为先生付出甚多，却遭遇这种事，所以心中充满被先生欺骗的感觉，因而悲愤不已。

由于妇人尚须抚养两个孩子，我就劝她不要将爱局限在先生身上，应该把爱分给孩子。何况，执著小爱就会生起计较的心态，即使先生回家，也必然不会给他温柔的声色。

“可是，我都是静静的，没有说什么！”

“即使你不说话，他也会懊恼的。”我只希望妇人明白，心有怨怒，即使静默，人家也能察觉她的不高兴。

了解她的一位慈济委员补充说，她很想不开，曾有自戕的念头，甚至想和孩子同归于尽。

这种心态实在可怕，我殷切劝导她：“人生的意义，难道只为一个人吗？你要好好想一想，那个人值得你为他死吗？是否想过父母为你付出多少，而你却为先生一个人就不顾父母及孩子了？”

妇人神情黯然：“我没有考虑那么多。”我再次告诉她，自杀的罪业深重，况且孩子有其生存的权利，怎可任意剥夺。

世事要看淡点，有缘则相聚，无缘也不勉强。不要老是自以为是地对他兴师问罪：“你以为我不知道你在哪里吗？”这样就是太聪明了。有智慧的人心胸宽大，聪明的人却心量狭窄；所以我们应该学习拥有智慧，凡事不要精明到钻牛角尖。

我期待妇人具备温柔的妇德，也希望她要有志气。“你也可以像慈济人一样，为众人付出爱心，活得很欢喜，让他明白：‘我没有你不要紧，你要走就走吧！有别人爱你也很好啊！’总之，心结纠缠只是自找苦吃，不如放开胸怀，让他爱其所爱吧！”

爱惜尊重自己的生命，否则所造作的业缘累生累世也还不尽：遇到与自己业缘纠缠的人，才一世就够辛苦了，若还要生生世世纠缠不休，真不知如何是好！

所以说，事到临界，放下一切，一切“解结”！

大象林旺的福报

持五戒得人身，修十善生天堂，天堂无佛可成，成佛在人间，所以得人身就要好好地守规矩、持五戒，照顾好自己的心，广结善缘，善解和付出，惜缘结好缘。

我曾在志工早会时提及：“我们大家学佛，要学正知正见，爱的方向不要偏差；每个人心中都有爱，但要爱得很正确、不偏差，才能形成一股好的力量。看看大象林旺的生日，很多人都为它祝福。在动物园里，受到如此高级的对待，真是很有福。”

但是假如它懂得这是怎么一回事的话，可能也会觉得很无奈，因为人类给它那么高级的对待，它却没有办法为人付出一些什么。所以我们学佛一定要福慧双修，畜生再有福，也是很无奈。我们要好好善用人身，最重要的是要守五戒。

若想做一个既富有又善良的人，就要守持十善，因为十善是天人之因。五戒，则是人间之因，如果守得好，当人也不错啊！只要有这份善念，我们的爱心就能保存，就能有福，还能有智慧去帮助别人，这就是修行佛法的好机会。

有句话说：“天堂无佛可成。”所以，在天界享尽福报，是没有机会修学成佛的；要成佛就要在人间。所以，我们好好地守规矩，守好五戒，照顾好这颗爱心，并且广结善缘，善解和付出；能惜缘自然时时结好缘，再来人间修行就一无阻碍。如果能时时善解，心中没烦恼，那就可以具足智慧了，这样就是福慧双修。

“怨憎会”与“爱别离”

“怨憎会”与“爱别离”，是人生苦痛的来源。志工早会上，志工们报告两则夫妻间的故事，恰为这种强烈对比，令人深有所悟。

一位中年妇人的先生经年游手好闲，妇人为负起家计出外工作赚钱，但是先生很不高兴，每当太太回到家就对她拳打脚踢，最近妇人因被打得太严重而住进慈济医院，她在院内疗伤期间，表情总是充满着悲苦无奈。

另一则故事是一对八十多岁的老夫妻，两人自年轻就从来没有分开过，出门旅行也必相偕同行，情感非常浓密。此次老阿嬷因血管瘤破裂来到慈院，老阿公充分表露体贴的情义，很难接受万一生死分离，所以时时显露悲愁。

前面的中年妇人天天过着挨打的恐慌日子，却为了抚养孩子而不忍离开家庭，这种恶缘聚会就是所谓冤家路窄、不得不在一起的“怨憎会”之苦；至于老夫妇恩爱一生，终究必须分离，则是“爱别离”之苦。

冤家对头是过去生结的缘，所以要运用智慧化解这份恶缘，千万不要钻牛角尖想不开。至于恩爱夫妻也要有心理准备，缘尽了就祝福对方快去快回，切莫过度伤悲，心有挂碍。学佛的人就是要学习凡事看得开，所谓“遇境随缘”，就是不执著也不强求，凡事随缘就好。

以那对恩爱的老夫妻为例，他们鹣鲽情深，也尽责任将子女抚养长大，是非常幸福的家庭，但是，这样的人生就够了吗？

这种人生虽然幸福，却太平常了，如飞鸟过虚空，无痕无迹。要知道我们能以人身来到世间，是很不容易的事，但是有多少人能够有此警觉，能够用心去探讨人生的意义、充分发挥良能去利益人群？大多数人都是只知道吃喝玩乐、计较名利、庸庸碌碌地生活而已。佛陀不断地启发我们要珍惜难得的人身，认清无常的真义，把握当下可以利益人群的因缘，好好地在世间留下深刻的足迹，这才是生命的意义。

问世间，情是何物？

有位慈济委员与先生结婚数载，原本也是幸福的家庭，但后来听信人言，怀疑先生行为不轨，三番两次与先生争吵，事后又懊恼不已，因此心情委靡不振，也造成先生的苦恼。

委员伤心哭诉心事，她说明知自己不对，却很难突破心障，每当又听说先生与别人如何如何，就会因无法忍受而再度失去理智。

我对她说："你是学佛的人，应该要用清净的佛心来待人处事，对先生要有信心，不要疑心。"口舌是非无影无形，何苦对空穴来风之事心生猜疑而自我缠缚呢？人生境界百千万种，既知自己定力不够，更要自我警惕"借境修心、借事练心"，不要再对境生迷，成为终日胡思乱想的可怜凡夫。

感情的问题永远谈不完！如何才能超脱感情的束缚，得到解脱自在？

很多人其实不懂什么是“感情”，这种不懂“感情之实质”的情，就叫做“迷情”。佛陀与菩萨都有情，但那是“觉悟的情”，凡夫则是“迷惑的情”，因为迷惑，所以为感情而毁掉自己或他人。平常若能清楚人生方向，建立起为人付出的健康心态，则不论何种情感情境现前，心都不会被迷情纠缠不清。所以，平时就要先去了解“情”，明白私情小爱终究是虚幻不实的！

围裙和领带的暗号

在我尚未落发前，与修道法师一起流浪到台东，住在佛教莲社，修道法师在莲社讲经，我也应邀在电台讲解《阿弥陀经》，受到台东莲友们的尊重，一位王课长常招待修道法师与我到家里作客，谈话间曾听王太太提起他们夫妇俩相敬如宾的小秘密。

王先生常招待部属回家吃饭，王太太也常带莲社的朋友回家作客。有一次，王先生与太太商量，是否想个办法，能够在他带部属回家时，让他觉得很有面子，而当太太带莲友回家，他也能让太太有面子。

王太太想起搭公路局金马号班车去花莲玩时，曾听公交车的女服务员说，有位先生在社会上很有地位，他的太太也颇注重外交，两人常为争面子而生气。后来，夫妻俩商量好，当先生带朋友回家，太太若家事没有做好，先生可在朋友面前对太太发脾气，太太这时就要表现柔顺乖巧的样子，让先生有面子；若太太带朋友回家，先生则帮忙做家事，让太太与朋友聊天。

王先生与王太太也决定如此做，但有时其中一人因故情绪欠佳，难以配合，夫妻俩又会冲突起来。后来两人再协商，当朋友来时，太太假如那时心情不好，就系上做家事的围裙，先生看到了就温言软语赞叹太太；若是先生情绪不佳，就将领带往身后甩，太太看到了要赶紧拿拖鞋、端茶给先生。友人见了称赞他们夫妻感情这么好，先生气消了，再将领带放回胸前。

当时常到王课长家，总是看到他们家一团和气，原来是有这样的小秘密。

自己是自己的导演

生、老、病、死、爱别离……的确是苦。苦在哪里？苦在集，集了许多的恩恩怨怨。只要打开新闻，就会看到一幕幕人间的爱恨情仇。

有位女孩在高中时认识不务正业的男友，不顾父母反对与他结婚。婚后四五年来，受到丈夫暴力相向，满身伤痕，身心受创。虽然一次次受暴，却总在丈夫哀求下心软回头。目前，女子的父亲遭丈夫打伤，她才醒悟，决心脱离遭受囚禁虐待的婚姻生活。

即使被丈夫虐待，很痛、很苦，但只要丈夫说他会改，又跟着他走了。如此来来回回，纠缠不清，因为心受业缘缠缚，打开不了情锁。

人间的爱恨情仇，很难分类也很难隔离，有仇有情，有恩有怨，让众生的烦恼无尽。欲知前世因，今生受者是，欲知来世果，今生做者是。因、缘、果、报，是宗教家不断推究之理。

人人此生都是在为自己的来生写剧本，自导自演，自作自受。所以我们要倡导人与人之间互助无求的清水之爱，接续好缘而清净无染。

病与死的启示

有一天下午，台中会员入精舍参访。慈青同学现身说法——她因怨恨弃家再娶的父亲，不惜糟蹋自己的健康作为报复，直到被同学引领至慈院当志工。在医院中看到快往生的阿公、阿嬷，她想到自己才二十岁，有什么权利说“我不要生命”。病人用他的病体向她示现：“你要尊重生命，不可以糟蹋……”

在投入志工服务中，她逐渐解开心结，当众忏悔：“上人告诉我三件事：一，放下怨；二，放下恨；三，做到‘普天三无’。以前我一直羞于对家人表达感情，现在我会向妈妈撒娇，时时告诉妈妈，我很爱她！现在，因为我的改变，我的家庭开始有了好的气氛……”

现代人生活富裕，知识、学识很高，相对的，一般人的比较心也变得非常强烈。一个人如果没有感恩心，就永不满足。

医院里生老病死苦的示现，无异是一部活生生的人生历程史。从中可看到，父母是如何以喜悦的心，迎接新生命的诞生；如何任劳任怨地照顾、呵护儿女成长。可是有多少人，能在父母年老缠绵病榻之际，以当年父母疼爱子女的心，回报他们于万一呢？

在医院的大环境中，种种形态无形地教育着志工——真正美好的人生是去帮助别人，助人之后，也要反观自照内心的法喜泉源，从而开启心中的良知、良能，如此才能有正确的人生观。

温柔唤醒迷途人

长年在医院服务的志工颜惠美，向大家报告数年前母亲过世时，适值年底，年初一有很多病患需要关怀，心中抉择到底应该留在家里守丧，还是到医院服务病人？她想一想还是觉得病人比较重要，所以决定回医院，然而情绪仍然很低落、不开朗。

当她下车时，前脚刚踏上月台，一位先生就在她肩上拍一拍说："小姐，什么事情都过去了，现在新的一年来了，振作一点。"这一句话使她恍然大悟，重新提振精神，以往日开朗的心，再次面对病患。后来她也说："我们不要忽视任何一个关怀，一个动作，一句话。在我心情最低落时，他适时给我的那几句话，让我很受用，所以很感谢那位先生。"

对每一个人的声音、动作，我们都要重视、尊重，哪怕轻轻的一句话、一个动作，都有可能唤醒在迷途挣扎的人。志工就是要如此，不论在医院的任何角落，看到病人或家属，都要以温柔的形态，抚慰他们的心，患者能安心，身体就容易康复。

身病心健康

佛住世时，舍利弗及目犍连于僧团就好像佛陀的左右手，但他们比佛陀先入灭，令佛陀非常难过。

即使是佛陀，也得承担种种痛心之事！虽然娑婆是苦，但是福慧从苦难中成长，在苦难中才有佛法可修、菩萨道可行。我们要把苦难化为力量，转烦恼为菩提。

有一次到慈济医院探慰病患，委员慈清伉俪也到慈济部来看我。

慈清因颈部肿瘤切片检查，报告显示罹患鼻咽癌，夫妻难掩沉重的心情，但是我告诉她："现在正是你修行的关键！但看你用什么心态来面对人生。你自己应该清楚知道，至少在此之前，你的生命力丝毫都不曾浪费。现在病了，就要抛开烦恼痛苦，把身体交给医师，心则交给佛菩萨。"

我总是慰勉罹患癌症的人，要做到两点：第一，要自我祝福，不要把自己当成病人；第二，要发大愿，专心做事。如此，就能不为疾病所苦，仍旧发挥人身功能。

那时慈清就说：“上人，我知道！我会乐观起来，请上人放心！”

果然，一直到往生她都抱持着乐观精进的心态，把握生命付出。生命有限，慧命无涯！相信这份慧命会一直延续到来生。

不要问“为何是我”？

佛陀住世时，也曾经遇到人事障碍或身体病痛，但他明白“如是因，如是果”的道理，所以能坦然接受。

然而，凡夫不明白因缘果报的道理，遇到顺境往往得意忘形，遇到挫折便生起“为何是我”的疑惑，这也是圣人与凡夫的差别。

娑婆世间，我们面对的芸芸众生多是凡夫，要学习佛陀的本怀与觉知，认清、明了因果循环；如此不论遇到任何事，都能以知足、包容、善解、感恩的欢喜心处之，而所回报给我们的，也自会是欢喜的果。

珍惜“因”与“缘”，才能为自己带来好果、好报。

误解与善解

志工早会时，一位台北医学院药学系的同学表示，他在加护病房中，丝毫不见护理师对严重病患表现出哀戚之色，令他深感不解。

我就说，在加护病房里，心情要尽量放轻松，以慈悲存心，把快乐带进去，用智慧发挥良能，这样才能让患者感受到生机，带给患者良好的医疗环境。要抱着真心去看病人；爱的付出就是最简单、最好的良药。

慈济人在慈善工作的推展中，难免遭遇到挫折与误解，但我们以锲而不舍的菩萨精神，不舍一切众生。佛心，就是把每一个众生当作自己的孩子，孩子不听话犯了错，我们还是抱着无限的期待，以“善解”来宽谅他。我们不只要包容给予我们考验的人，还要感恩他，感恩他磨练出我们的佛性；当境界来磨时，我们堪得起磨，这才是修行的成功。

每个人的人生就像是一出戏，我们来到人间演出这出戏。其实每个人都有与佛同等的智慧，我们以宇宙人生为学堂，把每个人的人生经历当成学习的课本，要“用眼睛听，用耳朵看”，仔细观察，体会人生课题，才能编导好自我的人生脚本。

殴妻者的忏悔录

几年前，慈院心莲病房曾举办一场别开生面的婚礼——结婚三十三年却虐妻二十六年的邱文吉，于生命即将结束前，与妻子王秀美在众人祝福下再次结婚。

邱文吉三十多年前染上赌博和酗酒，动辄殴打妻子出气，甚至将她打得肋骨断了好几根住进医院，但她考量孩子需要照顾，仍含悲忍痛留下来。直到邱文吉参与慈济环保工作，终于由迷转悟，开始善待妻子。

后来邱文吉罹患末期肝癌，由妻子陪同住进心莲病房。为安慰邱文吉对妻子的满心愧疚，志工提议举办婚礼，完成他最后的心愿。

我不禁想到：菩萨里也有“夜叉”修成的。“迷”的人生与“悟”的人生真有天壤之别。

人迷失的时候，什么残酷的事都做得出来。以前他把太太当成垃圾，常常用扁担打到她吐血，甚至殴打她后出海捕鱼，觉得气还没消，又跳下船回来继续打。踏入慈济后，他总算领悟太太的珍贵，为了抑制暴躁的个性，他刻意称呼太太为“阿嬷”，以孝敬长辈的心态，无微不至地照顾太太。

同样一个人，迷失的人生与觉悟的人生，差别多么大啊！虽然世间没有不凋谢的花，也没有永生不死的生命，不过我们可以活得有价值、有意义，过一个有尊严的人生。这份尊严不在于财富、地位、学历或才华，而在于真诚地爱人与被爱。

最近社会上常有杀父、杀母或兄弟相残的家庭悲剧，令人不胜唏嘘。大至家庭悲剧或暴力伤害事件，小至人与人之间的纠纷冲突，问题都出在心态不平衡，我们能不好好调适自己的心吗？生命总会有终点，但我们可以选择一个被尊重或被唾弃的人生。只要时刻保持正念，诚恳为人着想，自然处处得人疼，人生可爱又庄严。

以精进对治无常

人生无常。在慈济医院中常能听到不同的个案：一回，志工报告有位中年人吃饭时突然中风趴在桌上，住院三个月仍无法恢复肢体功能。还有一人出外散步时跌入坑洞，造成全身瘫痪。人失去身体的功能，不一定都是老年自然现象，有时实在出人意料，这就是无常。

面对无常的境界，我们一定要警惕自己精进不懈——所谓精进，是借境修心，使自己的心远离计较与比较。

生离死别是逃不过的关卡，既然逃不过，与其眷恋难舍，不如坦然面对。其实“生是死的起点，死是生的开始”，如何把握当下，才是对治无常的大课题。

爱不得苦

男女感情往往千头万绪、纠结复杂。有位年轻男子来向我诉说，妻子与他离婚后再嫁，离婚之事已让人无奈，更难堪的是妻子再嫁之人竟是自己的兄长！因此心情落寞，十分沮丧。

我对他说，心不要绕在一个“爱不得”的人身上，既然是爱不得，就是“不得爱”，所以不要让心纠缠在爱恨之中，不必管她再嫁何人，彼此已不相干。倒是孩子的教养问题必须谨慎关照，对前妻则要做到忍而无忍的地步。

既然已经离婚，就不要想得太复杂。自己的形象照顾好，作为子女的榜样，也不要向子女提起妈妈的不是，使得子女心中怀恨；尽量以好话来教导子女，自己也要过着正常生活，才不会自暴自弃让人看不起。

至于兄长那方面，也应该宽厚为怀，莫坏了手足间的情分。总之，不要埋怨也不必哀伤，要提起男人的志气，在人生路上好好走下去！

焦急的父亲

有一次志工早会前，接获一通越洋电话，电话那端是一位焦急的父亲。他很焦虑地说女儿不知道为什么突然间变了，变得好像是凶猛的野兽，让人看了害怕，而且好像控制不了自己，会说一些莫名其妙的话。这位爸爸心碎地问我："师父，我该怎么办？我的女儿是不是中邪了？"

不安与着急让这位爸爸的精神几近崩溃，接着又说："我们一家人的希望都在孩子身上，怕儿女学业压力重，为他们移居到国外，希望他们在宽阔的新天地生活幸福、身心健康。我们辛苦地打拼，一切都是为了孩子，没想到发生这种事……"

我问他女儿以前怎么样？他说："本来很乖、很贴心，后来可能是感情上有一些打击吧！"

我建议他带女儿去看医师，等女儿情绪稳定下来后，再慢慢辅导。他说："这一两年来，已想尽办法辅导，怕她在人生路上跌倒，但是如何扶她都扶不起来。不成熟的感情总是很脆弱，女儿沉迷在感情中，学业一直下滑，她自己也受不了课业的倒退，双重打击就变成现在这样。”

接了这通电话很感伤，现在的年轻人很少能体会父母的爱。父母费尽心力爱孩子、关怀孩子，只盼望孩子顺利成长、成家立业；但是对孩子来说，这份感情、恩情、亲情，往往不及爱情的对象。

人生谈感情的时候很长，能孝顺父母的时间却不多，我们更应该把握。如何让自己的心没有后悔、没有遗憾？那就是有两件事不能等：一是行善，一是孝顺！希望每一个人都懂得父母心，把自己的心照顾好，别让父母担心。

把握黄金岁月

任何人都无法掌握自己生命的长短，不过都有责任好好地选择人生的方向。求学时代最重要的是把握时间用功读书，如果迷失于感情，错过了学习、成长的黄金岁月，对自己是非常大的损失。

有位孩子病得很严重住进慈院，父亲一直没来探望。母亲打移动电话给先生，先生接到电话，不但不关心孩子的病情，还说："你问我现在在哪里？我跟一个女人在一起！你不信的话，我让她跟你说话。"那个女人接过电话，开口就说："你先生我要了！"先生如此无情无义，这位太太心都碎了。

她与先生是在大学时代认识，产生恋情后，感情遮盖了理智，把他的缺点看成"缺陷美"，没有客观地考虑他的人品是否适合相伴一生？当时两人卿卿我我、海誓山盟，如今却变成这样！

所以我常说年轻人不是不能谈恋爱，而是眼光要长远，莫沉溺于一时的热情，“我爱你”这句话不要随意说出口。学生时代还是课业最要紧，把时间浪费在不成熟的爱情中，对未来人生的发展影响很大。大家何不以清净的友情，相互勉励、增进学业、成长品格，这样不是很好吗？等到相处久了，对彼此的个性都有客观的了解，自然能找到真正的知音作为一生的伴侣。

把握时间充实品德、学识，为未来的人生奠定稳固的基础，才是最重要的事。

一念莫差

一个中学生为抢钱而杀了人，当他被捕之后既后悔又惊慌，一直喃喃自语：“很抱歉……很对不起……我一定会赔罪……”这孩子丧失理智闯了大祸，往后的岁月将是度日如年、苦不堪言，在心灵上可说是活生生堕入地狱。坏事实在做不得啊！

人生最大的惩罚，就是后悔。一念之差做错事，造成难以弥补的遗憾，终生都会被自责、懊悔的阴霾笼罩。不仅要面对法律的制裁，心灵的制裁更是如影随形，不论到哪里都无法安心生活。

老奶奶的笑声

有一次早会中，志工颜惠美提到慈院心莲病房有位老奶奶坚强又豁达，使其他原本抑郁不乐的病人，也打开心结勇于面对人生的终点。

受老奶奶影响的其中一位病人是三十几岁的年轻人，过去拼命赚钱养家，但是太太玩六合彩将他辛苦赚来的积蓄赌光，且抛下三个小孩离家出走。年轻人只好自己负起抚育孩子的责任，没想到又得了癌症，放心不下孩子加上时日不多，令他甚为烦忧。

还有位出家人在佛学院研究佛法多年，尚未实现弘法的心愿即罹患癌症，也感到难以释怀。

某日，志工为心莲病房的患者举行联谊会，年轻人、出家人虽也出席，但满脸苦闷。得了脑瘤、半身不遂的老奶奶带着开朗的笑声来了，说道："死有什么好怕的！每个人总要走这一遭。既然要死，我要笑着离开世间。"并告诉大家："人生路难免崎岖不平，不过我都用笑声把它抚平了！”

年轻人与出家人均被老奶奶的豁达心胸感动，年轻人不再哀怨，为三个小孩做好安排，安然离开人世。出家人也打开心门，和病人分享佛法，并决定往生后捐赠大体供医学研究。

生死是很自然的现象，担心害怕反而增添痛苦。老奶奶虽然不是修行人，却能看开生死，即使长了脑瘤还是活得很快乐，也把快乐带给周围的人，让不甘于英年早逝的年轻人与心愿未成的出家人打开心结，勇于面对死亡。

捐赠器官的杀人者

生命的可贵，在于发挥效用：若能发挥效用，则不论生命是长是短，发挥一次助人的效用就有一次的价值；能时时运用生命利益人群，就拥有全程的价值。

有一年，一位犯案的军人被枪决后捐出身体器官，嘉惠了多位受赠者。虽然他有这项爱心行为，但是生前所做的错事实在难以令人原谅。可想而知，当他在刑场枪决后，收尸的场面如何？至亲的父母能去见他最后一面吗？在未来可能会有一场风光的告别仪式？

同样是生命，生命的价值在哪里？若人人认清生命的价值，做人光明正大，努力利益人群，则不仅使父母以子为荣，能在他人面前抬头挺胸，自己也无愧于天地之间。当今伦理道德没落，导致社会脱序。人人谨守本分、确立人生价值观，才是正本清源之道。

人生戏一场

有一次甫抵达台北分会，即有位年轻妇女来见我。她在震灾中失去先生及孩子，苦不堪言，有所谓“通灵者”给了她指引并索取高价费用。经亲友点醒，她才觉悟被骗，但心结仍是纠结难解。

我告诉她已经是过去的事了，不要再放在心里，假如心一直挂碍着，就会到处“胡乱问”，而听到“胡乱说”的话。

亡者已矣，在世的人该如何面对人生才是最重要的。不要再花冤枉钱，要正信，若能因先生的死改变人生观，积极行善助人，这也是先生的功德。

妇人又问骨灰坛等复杂的善后事宜，这些事都已对亡者一无影响，我也劝她不要执著于此。

人生如一场舞台剧，大家还没上台时，彼此没有关联，上台之后，才会同台演出某种关系。对方的戏演完下台，你虽然还在台上，彼此的关系一样是结束了，谁也不必再牵挂谁。

人生总是来来去去，不要一直钻在牛角尖里。要看淡自己的生死，也看开别人的生死；生死自然，潇洒来去。

爱人才能得人爱

某次与北区干部座谈时提到，泰北接受慈济照顾的老人，一听到台湾发生大地震，不但哭了，而且一再表示，他们已经老了无法帮上什么忙，只能捐些钱。于是踩着蹒跚的步伐，用颤抖的手，捐出他们省吃俭用存下的钱，只为了表达他们的心意。看了真的很感动，也很心疼！

当时去湖北、安徽勘灾的人刚好回来了，他们带来两本签名簿和两包钱：一包是当地领导和前去会勘灾情的海外慈济人捐的，另一包装满一角、两角的零钱，是慈济在安徽援建学校的学生们捐的，总共有三千多元人民币。这些钱币虽然有些破旧，但包含了最真诚的爱心。

整个世界是一个生命共同体，我们爱别人，别人也关心我们，被救是不得已的，能去救人的人才是最有福的！

如何看待情缘

某次，加拿大分会负责人何国庆伉俪陪同一位音乐家来访，这位先生一年多前与妻子分手了，心中仍未完全平复。

“这一切都是因缘！”

这位先生微笑说：“有得就有失，刚失去的时候觉得很痛苦，现在反而感觉得到的更多。音乐人本来就喜好独处，失去了家人的关爱，精力可以百分之百投注在工作上。”

缘来时推不了，缘散时留不住，一切随缘。付出真情是本分，原谅别人是美德。世间没有绝对的公平，强求公平就会争得你死我活，得不偿失。

这位先生心有所感地表示，占优势时不会有明显感觉，但受委屈时特别觉得不公平。

我告诉他，因为彼此各有立场，站在自己的立场去衡量，总会觉得是别人对自己不公平；或对方不了解自己时，也会觉得他对自己不公平，这样就会发生冲突。人与人之间一定要相互包容、善解，才能和平相处。

这位先生点点头，想想自己也不完美，何必光要求别人而烦恼丛生。

不净情缘苦无边

一对夫妻来看我，妻子流泪陈述，先生有了外遇，对方是有夫之妇，两个家庭都痛苦。

先生经过相询，总是重复回答着，知道做错了事，为自己没有定性感到忏悔，也舍不得与妻子生下的可爱稚儿，所以感到非常无奈。

我婉转地相劝，人生要负起责任，太太的责任是把家里照顾好，使先生在外无后顾之忧，先生则要给予家人稳定的家庭，夫妻同心才有美好的人生。一时错误要赶快回头，难道与太太数十年的感情，比不上才认识的人吗？

贪欲是使自己身败名裂的源头，有错要赶快改。人顺着道理做事才能被人尊重，否则执著一时之欲，为这种不净缘失去了正常的家庭生活，让兄弟朋友看不起，让父母伤心，让孩子痛苦，这样的人生有何意义？

下决心切断这份缘，成全对方身为人妇的贞洁，才是真正为她着想。若没有下决心，情缘牵扯不断，不只这一世受苦而已，将来因果还要自己负责。

情爱休止符

有位志工，因妻子意外往生，为情所困颇有一段时日了。有情众生难免都会“为情所苦”，但应该明白，自己在今生的一场戏，是过去生所写的剧本，如今太太的剧本演完下了台，人生画上休止符，自己还有未竟的剧本，应该提起精神继续往前走。

我对他说：“世间不是只有你和她两个人而已，还有许多与我们有缘的众生，共同生活在这地球上。除了生死要看开，‘缘’也要看开。要说情，就说长情；要说爱，就说大爱；要说缘，就说大缘。不要纠缠在小小的情缘中，只在意自己私欲所系的特殊对象；应放开心胸，拉长情、扩大爱于世间。”

生死是自然法则，世间人同样是经由母亲怀孕生产的方式诞“生”；只是离开世间或早或晚，以及离开的方式不同罢了！要透彻这层道理，不要执著、自我困扰。

蕙质兰心好太太

知足、知福的人，心地自然清凉。心无烦恼，随缘自在，才是真正有福之人。

有一位二十四岁的年轻太太，在她十四岁时，有位弱智的男生抱着一大束玫瑰花，跪在她家门口不起来，她觉得疑惑，出来问他到底要做什么？没想到这位弱智的男生就跪着把花送给她，很诚恳地说："求求你当我的老婆好不好？"女孩被这憨直的诚意所感动，就接受了玫瑰，说："好嘛！就当你的老婆。"

两个年轻人的父亲是好朋友，既然孩子彼此有意，就成全了他们。

女孩未入夫家时，婆婆就中风卧床了，她很有志气，嫁过去后勇于承担家庭责任，将婆婆照顾得很好，婆婆十多年来从未有过褥疮。后来，公公年纪老了，慢慢有了痴呆症，她还是善尽媳妇的本分，将公公照顾得很周全。她与先生育有三个小孩，一家很和睦。志工问她生活还过得去吗？她回答：“只要我的家人都会笑，虽然贫穷一点，没米可吃，喝水也会甜。”

志工看她家境虽然不是很好，一家包括公婆全住在狭小的房子里，但全家人脸上都是笑容，所以觉得她很了不起，能把全家照顾得这么好，而且心态非常乐观，毫无怨言。

当我听到这个个案，非常震撼，这位年轻太太真正有一颗修行的心啊！知足者，心常乐，人若知足，睡在地板也如身处天堂；如果心不知足，即使住在天堂也是烦恼不堪。如果世上的人们都有知足的心，人与人之间还有什么好计较的，家庭、社会还会不幸福吗？

学佛，就是学知足。有些人整天到寺庙求佛保佑孩子会读书、先生会赚钱。其实，先生会赚钱，当太太的是否就很幸福？如果先生常常在外应酬不归，太太心里就不舒服。反观那位年轻太太，先生弱智、家境不好、公婆有病、孩子年幼，但是她很快乐，全家人也经常欢笑，这真是很幸福的家庭！

所以说，求佛不如求自己，把自己的心照顾好，安处于能力所及，发挥自己的良能。能知足、安分守己、平心静气，就是最幸福的人生。

卷四

布施不在多或少

布施不在多少，重要的是发自诚恳的爱心，这样的布施才有意义。

尽心尽力大功德

北区教师联谊会曾发起“竹筒岁月”献扑满活动，数百位小朋友拿着各种造型的扑满，将平时存的零用钱捐出来，帮助苦难的人。感于小朋友诚挚的爱心，我在夜晚的慈济人联谊会上表示：尽心尽力，就是最大的功德！

佛陀在世时，有回出外托钵，想要募款启建精舍。有两个小孩在路上堆沙玩，他们看到佛陀端着钵走来，生起天真的恭敬心，跪着抓起脚边的沙土，放在佛陀的钵中。佛陀也很感恩地接受小孩的布施，并回头对跟在后面的弟子说，这些沙可以与其他沙土搅拌，合盖一幢精舍供出家人修行，这份布施的功德很大！

所以说，布施不在多少，重要的是必须发自诚恳的爱心，这样的布施才有意义。

坏人不能多一个

有一次行车南下到新竹，前往新竹少年监狱，和一群年轻人谈“做人的道理”。这是应“社会再生文教基金会”邀请，第一次赴狱所讲话。

我说众生皆有佛性！人人本性清净，只是在后天环境熏染下产生偏差的习气。有谁能够从不犯错？人不怕犯错，只怕不改过。我举一位小男孩为例——

有一天放学途中，小男孩原本要进电动玩具店玩个痛快，但想到老师在课堂上教的《静思语》：“做好事不能少我一人，做坏事不能多我一人。”立即将跨进店门的脚抽回来，一口气跑回家。

心念偏差会造成罪恶，但只要观念转变，心也可以造福、救人。大家如能自我调整人生方向，走上利益人群的菩萨道，光明的境界便会现前。如果大家以智慧来面对日常生活，天下就没有做不到的事。

一念之间无死所

佛陀的教育不离基本的待人处事之理，所以学佛不是泛谈玄奇高论，而是重视自己日常生活里的起心动念、言行举止。

慈济医院志工曾转述一个个案，有位老太太的婚姻很坎坷，年轻时先生虽然很爱她，但没有把心照顾好，对女色无法自制，常带着满身酒味回家，为此，她经常伤心哭泣。有一回先生看她哭得非常悲伤，觉得心疼，就发誓："我以后如果再这样就死在外面！"

不过他还是没办法克制自己的行为，看到太太又哭了，他再度发誓："我以后绝对不再犯，否则就会被大树压死！"可是他仍然犯错，又发誓："我如果再这样，坐流笼会摔死！"因为他在山上林班工作，常坐流笼上山，所以发这种誓。

有一天他坐流笼上山时，绳子断了，流笼掉下来，他抱住一棵树，没想到树干折断，把他压死了，正如他的誓言!

这就是没有把心照顾好，所以身造恶业，口出恶言，难逃恶报。每个人都在世间舞台扮演各种角色，例如父母、子女、夫妻等等，如果不守本分，没有把人生的角色扮演好，往往苦不堪言。

个人把心净化，人生才能平安；人人把心净化，社会才能祥和。想要净化心灵，首先必须发挥大爱，以慈悲心对治种种贪欲。我们要以身作则带动更多人发挥良能为苦难众生服务，大家一起走上清净光明的菩萨道。

大舍与不舍的抉择

雨声更添寒意，午后知客室的圆桌，一对夫妻谈起正值花样年华的女儿，因脑干肿瘤病情恶化快速，此刻正在花莲慈院加护病房，随时可能告别人间。

心疼女儿承受之病苦，母亲擦拭着不舍的泪滴，说女儿曾向志工颜惠美表达器官捐赠的意愿。我赞许女孩的勇敢，也同时安慰这位伤心的母亲："孩子与我们的缘就是如此啊！此刻要尽人事、听天命。令人放心的是，孩子意识仍清楚，且心中无惧怕，愿意捐出器官的这念心相当洒脱。"

学佛就是在学"看得开、放得下"。倘若孩子此生的业、缘皆尽，做父母的难舍亦要能舍；应当成就孩子的这份心，让她的器官在别人身上延续，给予他人重生的机会。而救一个人就是救一个家庭，让她的精神活在更多人的身上，发挥生命最大的意义。

在生死挣扎之际，她能平静、清楚地表达器官捐赠的意愿，这是发大心，也是报父母恩——因为每个人的身体皆来自父精母血，母亲怀胎十月生下她，父母以爱陪伴她成长，让她拥有这份纯净、善良的心灵，愿意在生命走到终点时，让健康的器官在别人身上延续，挽救他人的生命乃至家庭的希望。

一个人的智慧，取决于人生宽度的拓展，而非以生命的长度来衡量。这对父母在不舍中，做出了智慧的决定，成就孩子捐赠器官的心愿，这就是有智慧的人生！

清楚下一步

早会中，一位医院志工分享，她在病房照料十一位罹患老人失智症的阿嬷，其中有位阿嬷吃饱后突然问："我吃饱了，要做什么?"

人能清楚自己下一步要做什么，是很有福的，应该要感恩。普天下天灾人祸频繁，许多人需要帮忙，我们不怕事情多，只怕投入的力量不够。希望每个人都能踏稳脚步，跟上菩萨队伍。

每一步踩踏紧实，又清楚自己的下一步，那就是心念的清澈。

轻轻踏，稳稳做

南亚大海啸过后，印尼慈济志工积极付出行动，让政府与民间深受感动、也被带动。我叮嘱众人步要稳，脚要轻。轻轻踏，就不会撞到人家的心；稳稳做，就不会脱离浩荡长的队伍。

大树是从毫芒而起，一粒种子含藏菩提林。每一个人都不要轻忽自己的起心动念，要照顾好每一念心，诚正信实，以身作则。如此后人自然跟随前人脚步，而能心心相扣。

福从做中得欢喜，慧从善解得自在。付出不要执著帮助别人多少，只要看到他人得救，自己做得欢喜又轻安，即得福慧双修、法喜充满。

自己的福田自己耕

以前曾有一位住在三重的委员问道，她有位会员住在北投，为了收那二十元的功德款，她每个月要花五十元车资到北投，是否能将车钱以会员名义代为捐款就好？

我对她说："为了收功德款花五十元车资，是你做济贫教富工作所发的菩提心；而会员捐二十元，是她自己的发心。两者意义不同，不能混为一谈。而且，最重要的不是那二十元，而是在会员那份心意。"

所以说，小钱我不敢轻视，因为慈济是要净化人心，希望启发大家的爱心，人人尽自己力量去关怀众生。

大钱则不很在意。当初建设慈济医院之初，一位日本人愿意捐款两亿美元，但我认为"自己的田地，要自己来耕耘"，希望台湾人自立自强，所以婉谢那位日本人的好意，建院款项完全由台湾民众集资，既启发无数人的爱心，也充分落实救助病人的理想。

慈济是菩萨训练场，付出的人要有"三轮体空"的观念——不执著于“我是救人的人”“他是被我救的人”“我付出了多少东西”。若要求布施多少钱就要得到多少赞叹，还有什么功德可言？有所求就会受限，唯有真诚付出无所求，才有无量无尽的功德。

告别游乐人生

人生最宝贵的莫过于生命，一个人若没有了生命，一切空谈。所以说人生最有价值的，就是健康的身体，比健康更有价值的，则是人生的方向。

有一次，王松居士发自内心忏悔，勇敢面对大众现身说法，以前的他赌博、喝酒、吃槟榔、打架等坏习惯样样来，甚至熬夜赌博、吃喝玩乐到通宵，如此，健康状况当然愈来愈糟，年纪轻轻就罹患肝硬化。

这些不良的习气都是源自一个“贪”字。贪，让人误入歧途。不过人生不怕犯错，怕的是不肯改过。

那段时间，他不断地发愿要一心一意做慈济，每每看到他挺着一个大肚子，在烈日、风雨中执勤，我都心疼得要他休息。但他告诉我：“师父，是我拜托大家让我做的，我一定要把握机会做！”

有句话说：“大坏人如果能转变，一定成为大好人。”他把以前心心念念要赌博的心，化为心心念念做慈济的志气；把对赌博的执著，转为做慈济的择善精进，于是更能坚持到底。

就在他日日发好心、日日做好事当中，有人因发生意外捐出肝脏给他，我虔诚地祝福他进行移植后，能拥有全新的人生。

后来听说他换肝的第二天，就可以自己下床如厕了，医师和护理师都觉得不可思议，但这就是他的意志力啊！有毅力，心气才会旺盛，自然可以克服一切病苦，所以说人生一定要有那份志气、毅力。

立“信”

多年前，知名作家无名氏先生来访，提及现今社会混乱，并问原因为何？我回应是“缺爱症”使然，为什么乱？就是缺爱。缺了爱，所以人与人之间无法互信，你不相信我，我不相信你。

如何建立“信”？要回归“诚”与“正”；有诚有正，才能脚踏实地，让人生出信心。内修“诚正信实”，外行“慈悲喜舍”，调伏自心不紊乱，就能获得人人的信任。

期待社会大众要能是非分明，对的事，做就对了，不做不该做的事。在是非分明的前提下，才能建立“信”。

虚无的抽烟者

台中教联会成员卢春安老师的孩子升杰，是慈济的中生代，他在志工时间和大家分享读《静思语》“用智慧探讨人生意义，用毅力安排人生时间”的心得。

不久前，他一直探讨自己存在的意义，苦思良久，才发现——“没有意义。”可是再观察了一段时间之后，又有另一层的体悟——“我是为了‘责任’而存在。”他说：“我到医院当志工时，看到鱼池旁有一位病患在抽烟，和他聊了一下，我问：‘你为何要抽烟？’病患答：‘没有办法啊！想抽就抽了！但尽量抽公卖局的。’‘为何抽公卖局的？’‘公卖局制造的比较淡。’‘为何抽比较淡的？’‘可以活更长。’‘活更长又怎么样？’‘可以抽更多的烟。’——我想，这样的人生，意义究竟在哪里呢？”

至于“用毅力安排人生时间”，他认为：“上人在很久以前，如果只是‘想’要创办慈济功德会，或许就不能创造出如今的慈济世界。”

有思想更要有毅力实践，如果思想智慧丰足，但欠缺毅力，就会转智慧为聪明，成为世智辩聪，那就麻烦了！

菩萨也是人

有一位志工曾在其他医院当义工，但一直觉得无法圆满诠释“义工”的角色。来到慈济后，用心探讨慈济的力量泉源，发现慈济人的特点是“力行”，是聚沙成塔的爱心汇聚，薪火相传的投入菩萨道。

他也曾经涉猎各种宗教，一直无法接受“神”的说法，因而对宗教产生疑惑，直到听我说“菩萨也是人”，才解开心中的结。

宗教，即人生的“宗”旨，生活的“教”育。凡夫执著于个人的范围，放大自己，凡事以“我”为中心，找不到人生的意义，因而产生迷茫、斗争，造成社会混乱的情形。

放大“我”的范围，人生的宗旨才能明朗，才会去接受教育，学习付出，这就是“修养自己”去“帮助别人”。

我们是将佛、菩萨圣化，而非神化。凡夫因为无明愚痴的障碍，所以明知要做好事，却把握不住自己，欠缺毅力和智慧。但佛、菩萨就不一样，能明确地抓稳人生宗旨，通过各种方法为社会付出、救度众生，即使遭遇再苦的境遇，宗旨仍然不变，这就是佛菩萨有别于凡人的智慧。

慈济抗疫力

有位传播界人士，有心报导慈济人力行济贫教富的事迹，特地搭乘慈济列车来到精舍，他拿出节目企划稿，并说出他的想法："现在大部分的人都只说不做，而慈济真正在为社会做事，但是仍有许多人不知道、不了解。我希望能为慈济制作一系列的节目，并将慈济所做的事，分成不同的单元播放。"

事实上，慈济只是秉持诚正信实的原则，把握分秒做该做的本分事。一趟亲身的慈济之旅，他不仅接触到真诚、亲切的慈济人，也在那次的发放活动中，见到慈济人关怀照顾户的一面……这些让他益发觉得慈济世界的美，必须把它拍摄出来让大家知道。

他说："慈济就像个没有免疫力的小孩，任人再怎样刺激，都不辩白。我制作节目，并不是想要向外界说什么，只是为慈济实际所做的事做印证。"

我笑着回答："我想你应该说：慈济是个'抵抗力很强

的孩子’，不论别人如何地对待，他都能包容。”感谢他对慈济的这份心——正是因为大家的这份关怀，共同成就了慈济志业。

不同方式的拥抱苍生

花莲海星中学萧修女等人，陪同一位新西兰籍神父来到精舍。

神父于奥地利时曾经读过英文版的《静思语》，他说："拜读过《静思语》，令我非常感动。其中对人性的看法非常深刻，可引发人的善心去做好事。"

我回答："爱心每个人都有，只在观念的开启。"

神父："每个人都想做好事，但需要有人指引。"

我说："因此需要有'宗教'。诚如您远道而来台湾，乃是为了弘扬'博爱'的精神。"

神父："您的信仰和我们的信仰很相似，都喜欢去帮助别人。"

我回答："是的，您们是为'博爱'而舍俗家；我则是为'慈悲'而舍俗家。"

神父："您能盖医院，这是件多么不可能的事。"

我说："世间有许多看似不可能的事，但只要有心，任何事都可能做到。”

神父：“修女们一生做了很多好事，但是我鼓励她们还要做更多。”

我又说：“天主教对台湾奉献良多，有许多来自各国的修女，她们将终身奉献给台湾人民，这份精神和心念，是我们不断在学习的……”

神父：“圣母是神圣的代表，我拜读您的书时，发现您也具有同样的精神。”

我回应：“圣母就如佛教中的观世音菩萨，她的爱是‘拥抱苍生’，所以，我对圣母和观音，都是同样的敬仰。”

宗教的信仰虽不同，但度化众生，以及对苍生的爱是相同的。

建好心的道场

有一回，台南地区十一位慈诚队，参与全省慈诚干部会议后留宿精舍，表达当地慈济人共修心切，希望能请精舍的出家人前往带领。

我对他们说，学佛首重做人的根本，从学做人开始，不要执著于文字相，或是流于只重外在仪式，忽略了力行与实践的精神。希望大家先建立好“心的道场”，好好珍惜、妥善运用当地难得的共修、聚会所。

我希望佛教精神能回归到佛陀的正法时代，也就是回归人性良善的本质，使人从中学习消除烦恼，打破人我是非，建立正知、正见的信念。

一般人尚未学佛之前，所执著的是功利；而开始学佛之初，所执著的又是功德。因此尚未学佛之前是迷于生死，学佛之初则执著于生死。我希望大家把生死视为自然，把握当下，发挥人生的使用权。

想吃“白米饭”

有一位年轻人在酒吧喝酒闹事，被人砍杀好多刀，住进慈院后已开刀二十九次，有人问他若能吃东西，最想吃什么？

“白米饭！”年轻人如此回答。

这位年轻人渴望吃白米饭却无法进食，而我们三餐吃白米饭，可曾珍惜地吃？要知道粒粒白米皆是农夫费尽体力、精神培育而成，我们怎能不以感恩心来珍惜米粮？

原本应是活力充沛的青春岁月，却因喝酒闹事而白白糟蹋了。发生这样遗憾的事，不但年轻人自己饱受折磨，他的父母因为爱孩子而痛苦万分，那份心痛就像利刃刺在心坎上啊！

要爱惜自己，照顾好身心，不要有抽烟、喝酒等坏习惯，而且要孝顺父母，怀着感恩心在社会上做个有用的人，这样的人生才有价值。

“心”最可靠

九二一大地震，台湾这个百年浩劫其实有迹可寻。从佛法来说，现在是“浊世法末”时期，整个社会次序混乱，人心不净，虽然有爱心的人不少，却也有很多消福的人——过着醉生梦死的生活。在这场震灾中，很多人因此有所觉悟，对人生无常有比较贴切的感受。

任何人都想不到，平平安安去睡，怎会突然被地震吓醒、措手不及！我们想着明天要做什么，不一定能够照计划完成，因为世间无常，随时可能发生意外。

如南投的九九峰，那曾是一片青绿茂盛的山林，看来好像很雄壮、稳定，怎知山河大地变化之快，才几十秒的时间，就面目全非！我不断注视这座山，觉得真不可思议，为何山河说变就变？所以我们不要想着山大好靠山、海阔好靠海，山海大地都不可靠，能够依靠的只有“心”。万法由心造，想要救世，必定要从心救起。

九二一真的是天地旋转，变动无常！大家可说是历劫余生，如今再忆从前，好似一场噩梦。但这场灾难说不定是人生的转机，如果每个人由此警惕，去除凡夫心，增长清净的慧命，就是真正的“脱胎换骨”！

发挥使用权的盲胞

有一次，我在台北接到本会打来的电话：有一位住高雄的盲胞，带着几位盲胞和他们的子女，专程来到本会。这位盲胞开出六七张支票总共一千多万元，捐给慈济做建设基金。

工作人员问他为什么这样发心？他说，他从小就过着坎坷困苦的日子：三岁时母亲去世，由祖父母抚养；到了六七岁时，祖父母又身亡；由于身体不好乏人照顾，罹患眼疾又没适时治疗，因此眼睛早在五六岁时就完全看不见。他的童年就是在黑暗贫困中度过。

长大后他以卜卦算命维生，赚了不少钱，除了买一幢房子安身外，还另买一幢房子置产。

有一天，他收听慈济世界广播节目，听到我说："人生只有使用权，没有所有权。""单会赚钱不稀奇，会用钱的人才有智慧。"……这些话令他很震撼。

又有一天，他听到我说："现在名医很多，但良医有限，因此除了建医院外，我还要办医学院。”他前前后后把我的三句话连在一起，想到自己小时候就是失去医治的机会，又乏人照顾，才会失明，以致一辈子痛苦地生活在黑暗中。

他深深地体悟到：“既然人生并没有‘所有权’，我为什么又要苦苦地去置产呢？我要把辛苦赚来的钱，发挥在真正有用的地方！”因此他对子女说：“现在我们已经有住的地方，另外那一幢多出来的房子，如果要分给你们五六个，每个人也分不到多少，倒不如把房子卖了捐给慈济，发挥人生的使用权。钱是我赚的，让我把它用在有意义的地方吧！”

像他能把钱用在适当的地方，钱花得很美。期望每个人用钱都能用出“漂亮”的意义。

创造和气

有一年农历正月初一，主持精舍除夕晚会的杨怀民、陈淑丽、谢佳勋三位提前到来，和我一起谈话。

我说，社会人心的净化，也需要艺人们负起“矫正”的良能。许多年轻人对艺人有“偶像崇拜”的心理，若艺人能“开口即是好话”，则能给予青少年正面的影响。净化人心非常需要艺人们以身作则。

杨怀民先生不解何以慈济人“付出的同时要感恩”？

我回答他，常人对于道理总是“知道”却“不懂”。如“人生是苦”这句话很多人都会说，但真正的意义并不一定了解。当我们真正去帮助人时，能借此体会人生无常变化、明了生命价值何在，所以他们是我们人生的老师，应该感恩他们。

字面上的探讨是知其然，但不知其所以然。要有真切的感受，就要亲身去接触活生生的人生。

梦的解析

一位年轻商人来访，说自己连续三天梦到我。他年纪只有三十出头，但事业非常成功。

“我本身没有宗教信仰，也从未见过上人。小时候生活穷困，长大后一心只想赚钱，所以向来只关心财经，社会上其他事情从不关心也不了解。”长年忙于赚钱的他，对“慈济”二字算是十分陌生，怎会梦到我三次？他说，梦境中的我一直教他投入大爱的活动，他在梦中拒绝了，但在现实生活中百思不解又十分惶恐不安，问过几处道场的师父以及算命先生后，终于因为不得要领而来见我，请我指点迷津。

我对他说：“‘梦’是很平常的事，不用太放在心上。不过如果是场美梦，让它成真倒也满好的。”钱财多、地位高、权势大，都不是美梦，反而常会惹来很多不必要的困扰。人生之美，在于身轻心安，这才是最有福的人生。

其实，人生本就如梦，人人都在如梦的人生中追求理想。怀有理想的人，如何想就如何做，将梦想付诸行动才会成功。

不将梦当一回事，一场虚幻的梦就空空过去，不留痕迹；若是有意义的梦，不妨将其落实在生活中，那么这就是一场实现人生正确方向的美梦。

生死智慧

有一次在慈济医学院举行的临床模拟手术教学中，慈诚队谢居士的太太也是大体老师之一。谢居士曾在九二一地震后参与抢救，看到许多生离死别的场面，知道生命的无常，也知道生命的价值，所以当太太因洗脸盆爆裂意外往生时，他能够很平静地面对，也圆满太太生前捐赠大体的愿望。他说："因为慈济的教育，孩子碰到这样的事，竟也能面对现实的打击。我很感恩太太，让孩子的智慧成长。"

意外发生了，怎么办？总是要面对现实，让生者心安、亡者灵安，这就是智慧！

人生无常，每个人都是同样的生、不同的死，生死之间又各是不同的生活，究竟生命的价值何在？真正的"福"，是造福人间。人生最重要的是照顾好自己的行为，时时观照自己所做的一切有没有错？有没有与人结好缘？对社会有没有利益？社会上如果能多一些好人，多说一些好话，多做一些好事，就不会相互争斗、推卸责任和攻击。

“没问题”与“想想看”

印尼慈济志工勇于承担，终于创造了红溪河畔的爱心奇迹，他们从“没问题”到发现“有问题”，再回到“没问题，做就对了！”这份心念的转换，是因为有“信”——相信既然我交给他们来承担，他们就有这份能力，所以全心去做。

反观，有些人总是在“想”要怎样做，每次都说要“想想看”，愈想愈复杂，心中的结也会愈来愈多。想，就表示心中还有怀疑。人若无法“信己无私、信人有爱”，听到别人说一些风风雨雨的话，心就会纠结成一团，就像一条绳子，如果顺不好、拉不直，很快就打结。

若能打开心胸，“心包太虚，量周沙界”，心中有深信，就没有怀疑，如此，世间就没有什么能难倒自己的事了。

黑暗与光明不断复制

一念偏差，可能导致终身错误；而不知错、不忏悔，将堕入三恶道中，生生世世无了期。因此，当时时反省，及时忏悔改过，能生在人间就是福，然放眼天下苦难偏多——生、老、病、死固然是苦，但在生死之间的人生百态中，还有许多富而孤、有子不孝、贫穷孤僻、凶狠顽钝的人，他们的生命中缺乏爱，少了人情味，这样的人生快乐吗？

慈济医院里曾住进一位脾气很坏的病患，全身上下画龙刺凤，令人望而生畏，刚好服务的志工是位女警，这位平日嫉恶如仇的女警在为他服务时，心中生起的第一个念头是："坏人生病了，活该！"继而又想起我说过的话，一切烦恼都是由自己的心而起，人性本善，只是观念偏差而造恶。"坏人也有改过之时，何况他现在病了，我该怜悯他，不该再将他当成坏人……"女警思索着。

的确，人人与生俱来良善本性，只是生生世世累积的恶习未尽，加上社会大环境的熏染蒙蔽智慧，才会一时迷失，走上偏差的道路。物资匮乏所造成的贫穷苦难，需要财务救济；心灵无知的贫瘠之苦，则需以智慧教育。那些在身上画龙刺凤、看来凶狠顽钝的人，对人对事缺乏温柔、体贴、欢喜之心，不仅自己的人生不快乐，也使他人避之唯恐不及。

迷失的人生，要再回归良善本性，必经一番挣扎。假使遇到好的因缘，有人在旁不断引领、陪伴，让他们转无明为欢喜，慢慢地启发慈悲与智慧，久而久之，就能引导其走上光明大道。

我们要记得，听到他人好言好意提醒，若能以感恩心接受、确实改过，习气就容易断除；否则，内心无法从善、无法改过，恶行将不断复制。

付出，情更长

志工早会，谈起两件悲剧中见到的人间温情。一是马来西亚侨生毕业前陪母亲及新加坡籍女友游花莲，于北宜公路遇山崩往生，台、马、新三地慈济人协助丧葬事宜；一是载有十四名巴基斯坦及尼泊尔偷渡客的渔船于马来西亚附近海域沉没，慈济人协助处理善后。

慈济人心中有爱，天下一家亲。无论哪一个角落发生事情，同样的关怀、同样的温馨，很快就会连接起来，让人生感觉到不孤单。

世间多少人光为追求一份小爱就烦恼不断，这样的人生多苦！天地到底有多辽阔？不知道，尽力付出一份爱就对了。什么样的情最长？不知道，只问付出就对了。

凡夫总是随一时之情、一时之气，当在追求的时候，誓言海枯石烂、地久天长；等得到时，哪怕石头变钻石都嫌扎脚。一时之气爆发，哪怕是至亲，也是棍子打、刀子杀。凡夫的小情小爱每每带来烦恼不断；菩萨能够超越一切，无论有情、无情都同等付出，而“付出，情最长”。

与孩子讲“礼”

现代孝亲观念淡薄令人感到担心，孝养父母是天经地义之事，儒家说“父母唯其疾之忧”，为人子女者若能自爱，保护好自己的身体，不让父母担忧，甚至利用父母所赐予的身体去为社会付出，这就是报父母恩。

在慈济中学慈诚懿德培训研习中，我提醒大家，不要用宠，要辅导孩子能自爱、付出，他们长大后才能拥有一颗感恩的心。

教育是一条非常艰巨的路，整个社会要有志一同，才可以从小学而初中、高中、大学，一直到硕士、博士，将全人教育建立起来。

有一次，我从慈济医院要回精舍时，突然听到很清脆的声音，喊着“师公上人！”回头看，是一群刚下课的慈济小学孩子，他们很自动地围绕过来，好甜！好贴心！

从很单纯、天真的幼儿一路培养他们到成年，让他们学习感恩，感受到人性的爱与体贴，这就是我们教育的理想。

有人说："吃饭、走路很简单，为什么还要教？"学校教育不只要教导课本上的知识，还要真正落实生活教育，从怎样端碗、拿筷子教起，教育孩子们懂得生活的文化和做人的美学，孩子懂得生活礼仪，就懂得爱自己。

父母是孩子的"模"，要做孩子的模范，说话、行动都要很谨慎、文雅，要多看多听，以真人实事教育孩子，或带他们去当志工亲身感受。

自爱的孩子才会爱人，要让孩子从付出中学习感恩。

爱的共同基因

一年一度的“骨髓相见欢”活动，总是掀起全球慈济日的高潮，捐髓者与受髓者相拥泣泪，欢喜与感恩尽在不言中，最是教人动容。

一对来自新加坡的父母，带着感激的心情前来向捐髓者许先生致谢。虽然受髓的孩子已往生，但捐髓者许先生还是肯定地表示：“天生我才必有用，这次我用得最有意义。”

二十一岁的台湾女孩，怎会与五岁的白人小孩配对成功？一对来自美国新泽西的夫妇带着小孩上台，健康、可爱的小男孩不时挥手与观众打招呼，笑容满脸的他，说自己最盼望能见到捐髓者。可惜大女孩因为天候所阻，无法前来。

生命的确很奥妙，受髓者身上的造血功能来自另一个人身上，像种子一样种下去，让他们重新拥有旺盛的生命活力；而“感恩”与“救人的感觉真好”这些话从捐髓者口中说出来，令人觉得他们是真正的人间菩萨，也见证人间确实有真善美。

慈济人之间其实也有基因存在！我们的缘就是基因，你我配对到了，大家看到师父就很欢喜。但就像捐髓者以一股很真诚的心要捐，是否会被排斥，就要看对方的体质了；师父给的法，也像捐髓一样，会不会被排斥？端看接受的人是否将法种在心中，并且用心除草、勤施肥，不时地用阳光、水分滋润，种子才能移植成功，将来长成大树庇荫众生。

图书在版编目(CIP)数据

一秒钟和一辈子/释证严著.—上海：复旦大学出版社，2017.8(2024.9 重印)
(证严上人著作·静思法脉丛书)
ISBN 978-7-309-12958-8

Ⅰ.一… Ⅱ.释… Ⅲ.佛教-人生哲学-通俗读物 Ⅳ.B948-49

中国版本图书馆 CIP 数据核字(2017)第 099558 号

原版权所有者：静思人文志业股份有限公司授权复旦大学出版社出版发行简体字版

慈济全球信息网：http://www.tzuchi.org.tw/
静思书轩网址：http://www.jingsi.com.tw/
苏州静思书轩：http://www.jingsi.js.cn/

一秒钟和一辈子(繁体字版)
著 作 者：释证严
总 编 辑：释德仮
策划编辑：释德寅、林幸惠、林虑瑢
丛书策划：黄美之、翁培玲、沈凯庭、许菱窈
责任编辑：沈凯庭、叶柏奕
封面设计：蔡淑婉
内页设计：王慧莉
内页排版：王慧莉
美编协力：陈敏政

一秒钟和一辈子
释证严 著
责任编辑/邵 丹

复旦大学出版社有限公司出版发行
上海市国权路 579 号 邮编：200433
网址：fupnet@fudanpress.com http://www.fudanpress.com
门市零售：86-21-65102580 团体订购：86-21-65104505
出版部电话：86-21-65642845
上海崇明裕安印刷厂

开本 890 毫米×1240 毫米 1/32 印张 6.375 字数 96 千字
2024 年 9 月第 1 版第 5 次印刷
印数 12 901—14 500

ISBN 978-7-309-12958-8/B·605
定价：25.00 元
